DISCOURS NÉCESSAIRES

A LA

CONFÉRENCE DE LA HAYE

DISCOURS NÉCESSAIRES

A LA

CONFÉRENCE DE LA HAYE

——————oOo——————

AUSTRASIE — HOLLANDE — BELGIQUE
FRANCE — SUISSE

Conditions primordiales à des États-Unis d'Europe

ÉCONOMIE POLITIQUE — ARMÉES NATIONALES
CONFESSIONS RELIGIEUSES, ETC.

——————

Organisation à l'Ouest en vue de l'Amérique ; à l'Est en vue de l'Asie

——————

> Chacun se sert du génie qu'il a, du
> démon qui le possède.
>
> Edouard HYZ.

PARIS
IMPRIMERIE GÉNÉRALE LAHURE
9, RUE DE FLEURUS, 9
—
1906

PRÉFACE

C'est le résultat absolument nul de la Conférence de La Haye qui a inspiré à l'auteur l'idée d'écrire ce volume. Il a prévu que si jamais la Conférence était reprise sur les mêmes bases elle aboutirait à un semblable échec. Il a longuement réfléchi, il a cherché, il a trouvé un certain nombre de points sur lesquels il importerait aux nations de se mettre d'accord avant de pousser plus loin la discussion, si elles avaient vraiment l'espoir et le désir d'atteindre le but de la Conférence.

Ce sont ces conditions primordiales que l'auteur nous fait connaître en donnant successivement la parole aux représentants de chaque nation et en leur prêtant des idées saines et sensées.

Verrons-nous ce rêve de l'auteur se réaliser; il faut malheureusement en douter, pour le moment du moins.

Quoi qu'il en soit, il faut lui savoir gré d'avoir eu ces opinions hardies et surtout d'avoir voulu les divulguer. Ce qui est encore plus remarquable, c'est qu'un étranger, puisque l'auteur est Suisse, se soit servi d'un style aussi pur, concis, clair, mettant en relief le mot nécessaire et très agréable à lire.

———————

AVANT-PROPOS DE L'AUTEUR

Ce livre ne s'adresse qu'aux gens sérieux et aux gens instruits ou désireux de s'instruire. Il présente, sous un aspect absolument nouveau, des questions de tous les temps et surtout du temps actuel. Il n'a son analogue dans aucune littérature, d'abord parce qu'il n'a pas prétendu être de la littérature. Il ne faut pas pour cela en sourire, mais en faire la lecture jusqu'au bout. Tout y est profond sous une forme abrupte ou parfois humoristique.

Si c'est un livre d'histoire future à la Jules Verne quelquefois, il donne à réfléchir toujours. Des idées particulières professées depuis longtemps par l'auteur, étant venues se grouper à une idée simple plus générale, lui ont constitué tout à coup un problème. Les diverses solutions possibles s'étant présentées à l'auteur quasi étonné lui-même, il s'est fait une sorte de devoir d'en soumettre au public le tableau, tableau fait au moyen d'une série d'esquisses superposées se complétant progressivement. La diversité des moyens employés n'empêche pas l'unité de vues, que le lecteur ne découvrira qu'à mesure.

C'est aussi une thèse présentée au public, qui la lira avec un intérêt d'autant plus vif, qu'il l'aura prise plus au sérieux en dépit de la fantaisie apparente du début. La fiction n'est que dans les noms des personnages, non dans ce qu'ils disent.

La forme générale qui a été adoptée s'imposait pour ainsi dire afin de pouvoir exposer brièvement beaucoup de choses diverses sans didactique. Ce n'est pas l'œuvre d'un rêveur, c'est seulement un amas de matériaux bruts, d'idées neuves mises à la disposition de plus habiles et de plus compétents pour qu'ils en tirent profit ou plaisir pour leur imagination.

Ce n'est pas un chef-d'œuvre ne renfermant aucune partie faible; et l'auteur, qui s'est laissé entraîner à vouloir résoudre un problème européen, demande l'indulgence du lecteur pour ces petites parties faibles, s'il les reconnaît: ce lui sera une occasion de trouver mieux, selon son esprit ou son tempérament.

Et pourquoi ne pas le dire? Notre pensée a été haute : essayer d'éviter à l'Europe une crise, catastrophe peut-être, au-devant de laquelle elle marche en aveugle.

Eh bien oui, nous pensons que des petits et obscurs peuvent essayer de dire aux grands des vérités vraies qu'ils ignorent totalement, de par leur grandeur même ou leurs préjugés. Eh bien oui, nous souhaiterions voir notre livre lu intimement dans tous les cabinets de l'Europe, par tous ces grands personnages, s'ils en avaient le temps ou qu'ils le daignassent. Tous en tireraient profit pour le bien des peuples et le leur propre.

Eh bien oui, nous croyons qu'on ne leur a jamais présenté sous cet aspect ces questions, les plus graves qu'il y ait. Tout est dans tout.

Eh bien oui, c'est à l'Europe que nous nous adressons, que nous soumettons ces ébauches en quelques pages, pages de rêve pour le moment peut-être, mais qui prendront date, et qui ne sont ni d'un fou mystique ni d'un clérical illusionné, mais d'un

modeste, brutal, clairvoyant, qui se cache parce qu'il est fonction-
naire, et qui, ayant fait la guerre, la connaît un peu, et connaît
le monde tel qu'il est, et tel qu'il pourrait être s'il était mieux
averti.

Corriger l'œuvre du Créateur n'est pas le fait des petits; les
grands s'y emploient parfois un peu trop, ou un peu trop souvent.

XYZ, Suisse.

LE PRÉSIDENT A L'ASSEMBLÉE

MESSIEURS,

Vous savez que vos chefs hiérarchiques qui seront retenus encore plusieurs jours à vérifier seuls leurs pouvoirs respectifs, à régler entre eux un laborieux et définitif tableau des préséances, ont décidé que, pendant ce temps et sur un protocole provisoire, vous vous réunissiez aujourd'hui en une séance d'essai qui restera secrète.

Vous y aurez en outre d'autant plus de liberté de langage que, n'étant pas les personnages les plus élevés en grade de vos pays respectifs, mais seulement les premiers secrétaires, aides et conseillers de vos chefs hiérarchiques, ceux-ci ne se croiront pas absolument engagés par les paroles qui auront pu vous échapper pendant vos échanges de vue, par les idées prime-sautières exprimées, qui ne refléteront d'ailleurs qu'approximativement les dispositions des peuples ou des gouvernements qui sont représentés ici.

La séance, qui sera de toute manière considérée comme nulle quant aux conventions qui seront prises à l'issue des conférences officielles, n'aura pas été inutile pour cela; elle aura servi non point seulement à tâter un peu l'opinion et créer l'atmosphère dans laquelle vous allez vous mouvoir pendant un assez long temps, mais à faire se dresser un avant-programme des seules questions qui seront traitées en séances officielles.

Voilà donc ce que j'étais chargé de vous dire d'une part, et, d'autre part, j'ai l'honneur d'accorder la parole à celui d'entre vous que le protocole placardé dans la salle désigne pour parler le premier.

DISCOURS NÉCESSAIRES

À LA

CONFÉRENCE DE LA HAYE

UN MEMBRE RELIGIEUX. — Je remercie Messieurs les hauts représentants des Puissances d'avoir bien voulu considérer mon caractère en quelque sorte universel pour m'autoriser à prononcer le
discours d'inauguration d'une assemblée elle-même universelle de
fait et d'intention, puisqu'elle se propose de discuter les intérêts
de tous les peuples de la terre.

Le nom de Dieu invoqué, j'entrerai de suite dans le vif de la
question qui va faire l'objet de vos débats, car il n'y a qu'une
question qui nous fait réunir au fond : c'est la question de la Paix
universelle.

Si ce n'est un rêve, c'est au moins un idéal duquel on doit se
rapprocher sans cesse, dût-on ne jamais l'atteindre. Un passage de
l'Évangile dit bien « qu'il y aura des guerres jusqu'à la consom-
mation des siècles », mais nous l'interpréterons aujourd'hui très
largement en ne définissant pas le mot « guerre » : en disant qu'il
y a guerre et guerre comme il y a marine et marine, roi et roi,
république et république.

L'on dit aussi : « Qui veut la fin veut les moyens ». Vouloir la fin de la guerre impliquerait comme moyen la limitation *ne varietur* des territoires des peuples. Esquissons cet idéal.

Supposez par la pensée l'Allemagne comprise entre le Rhin et l'Oder, comme autrefois la vieille Allemagne ; la Grande-Bretagne, limitée en Europe à son groupe géographique naturel, rendant Gibraltar à l'Espagne, Malte à l'Italie, Chypre à la Turquie, etc. Ne verriez-vous pas aussitôt notre question s'éclaircir, les causes et même les motifs de guerre s'évanouir lorsque vous examineriez en détail les territoires à attribuer aux peuples une fois pour toutes, quelles que soient les guerres futures? l'issue de ces guerres (s'il doit encore y en avoir) ne devant plus se traduire que par des indemnités de guerre.

Une autre cause latente de guerre, c'est, dans les traités de commerce entre nations, la clause dite « de la nation la plus favorisée ». Cette clause a pu avoir sa raison d'être autrefois, elle est insidieuse aujourd'hui, elle troublera et faussera tous les traités à venir. Elle serait à prohiber dès maintenant au nom de la loyauté et en vue du but que vous vous proposez d'atteindre.

Dans les débats amicaux qui vont s'ouvrir vous invoquerez certainement les droits historiques! Qu'est-ce que sont les droits historiques? Une source de complications à éviter, tel serait notre avis bénévole. Puisez à cette source quelquefois, mais avec mesure, fuyez l'absolutisme inclus dans cette formule qui ne vaut que ce que valent les droits historiques.

Le droit de Dieu inclus dans le cœur humain, le droit de la raison inclus dans l'esprit de l'homme, les droits de la nature inclus dans la géographie physique, les droits des peuples consultés, de leurs races à l'origine, les droits des langues parlées, bien qu'elles ne soient qu'un accident, parfois sont des sources de simplification, à l encontre de la source de complications que sont les droits historiques.

Ceux-ci existent cependant, puisqu'ils seront la base primor- diale de vos débats, et vous serviront à établir vos bases secon- daires et tertiaires, lesquelles vous permettront enfin d'aboutir à des résultats raisonnables. Plus les droits historiques dont vous userez seront anciens, meilleurs ou plus purs ils seront.

Notre qualité nous ayant valu le privilège de parler le premier, nous vous demanderons d'en user pour soumettre à vos apprécia- tions les raisons et motifs sommaires qui nous ont déterminé à esquisser par la parole d'abord des schémas de cartes des cinq parties du monde. Ces cartes idéales ne sont point conçues pour empiéter sur vos débats ni pour les influencer, mais seulement pour ouvrir la vue aux idées générales, en ce qu'elles auront de conciliable avec les idées particulières de chacun des représentants des puis- sances qui m'écoutent si courtoisement. Ce ne sont que des cartes « d'essai » pour lesquelles je vais soutenir une brève discussion « académique ».

La source de notre impartialité d'homme à caractère universel sans préjugés sera située dans le désintéressement final des choses de ce monde ; nous disons le désintéressement final et non point notre désintéressement absolu. Celui-ci constituerait une indifférence contraire aux vues évidentes du Créateur qui a voulu l'harmonie dans la diversité, la conservation dans le développe- ment et le renouvellement, et a dit : « Paix sur la terre aux hommes de bonne volonté », ce qui n'implique pas l'indifférence, au contraire. Il n'est indifférent à personne d'appartenir à telle ou telle nation politique. En général, chacun désire rester dans la nation où le Ciel l'a fait naître, parce qu'il l'estime (préjugé ou non), parce qu'il préfère ses gloires nationales aux autres, autres gloires qu'il ignore d'ailleurs généralement, et parce qu'enfin, abstraction faite de mille autres bonnes raisons, à tout cœur bien né la Patrie est chère.

Gesta Dei per Francos est un vieux cri de l'Église naissante qui ne signifie qu'un droit historique de l'ancien empire des Francs sans autre valeur que le respect du souvenir, du respect dû au souvenir de la part de tout homme à caractère universel, s'efforçant d'être impartial, comme Dieu même, souverain appréciateur, et qui conduit le monde des humains par des moyens humains.

Puisque les Francs, fondus dans les Gaulois ou Gallo-Romains, n'ont point su maintenir l'intégralité physionomique de l'ancienne Gaule ou un État unique et homogène, il n'y a plus lieu aujourd'hui de faire de cette ancienne Gaule un État unique. Mais, pour raison d'équilibre, en laissant la Belgique et la Hollande telles qu'elles sont et la France à peu près telle qu'elle est, il semble qu'il conviendrait de créer la république ou royaume d'Austrasie avec le restant de l'ancienne Gaule, en un État indépendant, nouveau.

L'Allemagne elle-même, conçue, limitée entre le Rhin et l'Oder, équilibrerait en un puissant et unique État les quatre États formés par l'ancienne Gaule.

En suivant les côtes de la Baltique concevons, entre l'Oder et le Niémen, un État slavo-germain qui pourrait être la République ou le royaume de Pologne ayant pour axe la Vistule. En équilibrant la puissante Allemagne à l'Est comme l'Austrasie l'équilibrerait à l'Ouest, cette création réparerait l'erreur, commise au xviii° siècle, de la destruction de la Pologne. Possédant toujours sa langue, sa littérature et son histoire, cet État donnerait satisfaction à des aspirations nationales légitimes. Il ferait les traités de commerce qui conviendraient le mieux à sa nouvelle situation géographique et économique, en vue des échanges qui s'imposent impérieusement entre États. Grâce à la disparition de la clause de la « nation la plus favorisée », il traiterait séparément et librement avec les autres États, l'Allemagne, la Russie, etc.

L'immense et prestigieux empire de toutes les Russies, d'une grande simplicité de structure qui en fait comme le prolongement de l'Asie sous lequel s'effacent les frontières purement conventionnelles entre ces deux parties du monde, supposé subsister tel quel, gagnerait sans doute à laisser une certaine autonomie particulative aux divers peuples, slaves ou non, qui le composent actuellement, plutôt que de vouloir les russifier à outrance en les démarquant.

L'uniformisation est contraire à la nature. C'est ainsi que le plateau granitique finnois, les Finlandais consultés, pourrait continuer librement son union personnelle avec le Czar de toutes les Russies, comme ailleurs les Caucasiens, dotés d'une administration autonome, seraient unis au Czar et à la Russie, l'Arménie russe, etc.

En laissant telles qu'elles sont aujourd'hui les presqu'îles scandinave, ibérique, italique et grecque, voire même la péninsule balkanique des rives de la mer Noire, il vous resterait à examiner le centre européen.

Le plateau suisse, laissé politiquement tel quel et pris comme modèle pour le règlement du kaléidoscope de peuples qu'est le vénérable et nécessaire Empire d'Autriche, faciliterait votre travail d'équilibre. Ces divers peuples autrichiens, autonomes sous le rapport financier, économique, ou même militaire, consultés au besoin, seraient ensuite confédérés politiquement par votre Haute Assemblée en un Empire d'Autriche renouvelé.

La « solution » de la question d'Orient est une autre affaire. Cette question durera autant que le monde ou se résoudra toute seule. La Turquie d'Europe, laissée territorialement telle quelle, sauf à assurer à la Macédoine, sans la partager, une autonomie sensiblement pareille à celle de la Bulgarie tributaire, cette Turquie est, dans notre ordre d'idées générales, la solution même. On adopterait toutefois, pour les détroits accédant à la mer de Marmara désormais libre dans son axe, les mêmes règles, principes, formalités et cérémonial que pour les détroits danois.

Partout le service militaire subsisterait, il est moralisateur. L'antimilitarisme, lui, est dissolvant, déprimant, déprisant. C'est l'exagération seule qu'il faut éviter. L'exagération est d'essence humaine tandis que la mesure est d'essence divine. C'est ainsi que le pangermanisme, le panslavisme, le panaméricanisme, etc. sont oppressifs, sont contraires aux indications de l'auteur de la nature. De plus, ils sont dangereux et faux comme le seraient ou le pan-islamisme ou le panthéisme, par exemple. Celui-ci, en voulant tout prouver, ne prouve rien : il faut donc savoir se borner en toutes choses. Il en est de même dans l'explication des causes premières, explication qui, entraînant nécessairement le dogme, ne sera jamais résolue que par le dogme. Ne nous effrayons pas de ce mot, qui est malsonnant à certaines oreilles orgueilleuses mais qui est bienfaisant en soi, qui est résolutif, qui mène à ces méditations profondes d'où sortent des solutions merveilleuses, solutions que ne peuvent goûter ou contempler des esprits brillants, mais à fleur de peau, qui ne connaissent que le monde visible, qu'ils prennent pour le Tout.

Les divers peuples européens modernes, dont les territoires particuliers à chacun d'eux donneraient satisfaction à l'histoire, l'ethnologie, l'éthologie, au génie de chacun d'eux enfin, se trouveraient dans les meilleures conditions pour mieux s'estimer les uns les autres. Méfiance ou crainte réciproque, disparaissant, feraient place à dignité et confiance réciproque, donneraient lieu aux traités de commerce ou aux libres échanges divers. Deux à deux, chacun des États, dans une indépendance entière et totale, ferait naître l'émulation sans la rivalité, l'union sans la coalition. Le spectacle des États-Unis d'Europe, autant qu'ils sont possibles dans cette privilégiée partie du monde chargée d'histoire, serait le résultat de l'ensemble.

L'action économique, commerciale, ou même militaire en tant que de besoin, d'un tel ensemble, articulé et souple parce qu'équilibré, serait assez harmonieux et imposant pour commencer un nouvel avenir et de nouvelles traditions. Il n'y a que cela à faire, mais il faut le faire pour atteindre le but que se propose votre magnanime Assemblée. C'est au prix de ces sacrifices communs consentis, que vous obtiendrez, si elle est possible, la paix universelle rêvée par des esprits généreux mais peut-être illusionnés ou incomplets. C'est à vous qu'il appartient de mettre ou non en défaut le passage précité de l'Évangile (réserve faite de la valeur lexicologique du mot « guerre ») ou bien de prendre d'autres voies et moyens, la réduction des armements par exemple, pour arriver au résultat cherché.

Oui, c'est à vous qu'il appartient d'opter entre la solution radicale ou la solution mitigée : fixation des territoires des peuples distincts, ou bien désarmements partiels. C'est à vous qu'il appartient de décider si le désarmement partiel, toujours difficile à apprécier ou à préciser ne sera point, par nature, une source de récriminations et de conflits et doit être rejeté, ou si l'on doit, pour l'Europe, préférer, la création d'États simples par peuples, là où ils n'existent pas déjà, de groupements distincts et fédératifs de petits États, tels que la Suisse par exemple. La Confédération de tout l'ensemble (temporaire ou permanente) constituerait éventuellement les États-Unis d'Europe, économiquement ou militairement. De plus autorisés ou de plus compétents que moi et qui sont dans votre Assemblée approfondiront cette question pour l'Europe, et je continuerai ainsi :

En Afrique, les droits historiques les plus respectables pourraient être invoqués pour donner définitivement à l'Égypte une indépendance politique totale et absolue, réserve faite de quelques mesures très transitoires d'ordre économique. L'Égypte serait maîtresse du détroit de Suez comme le Danemark est maître des détroits du Nord, la Turquie des détroits d'Orient, l'Amérique du futur détroit de Panama. Une entente commune identique ou analogue pour tous règlerait leur avenir.

Pour ne point bouleverser l'état de choses existant, le restant de l'Afrique, laissé politiquement tel quel, continuerait, avec l'Égypte, à être le rendez-vous pacifique des divers peuples de la planète, pour mettre en valeur et régénérer cette partie du monde.

En Asie, l'état de choses existant, laissé à peu près tel quel, offrirait un vaste champ à l'activité de ses habitants et des peuples qui la visiteront dorénavant dans des vues pacifiques, purement commerciales et industrielles.

Telle qu'elle est, l'Amérique, supposée également bien, et les représentants ici présents, s'engageant à ne plus rien modifier dans cette partie du monde, condamneraient *ipso facto* le panaméricanisme, lequel serait monstrueux, briserait l'harmonie terrestre elle-même !

Cette harmonie n'a déjà que trop disparu en Océanie, du fait du contact des Européens, pour que les peuples européens, trop puissants mais devenus sages, ne consentent unanimement aujourd'hui à ne plus rien modifier non plus dans cette cinquième partie du monde, politiquement.

Les autres peuples de la terre seraient en cela d'accord avec eux.

Telles pourraient être les grandes lignes, ou plutôt une vue générale d'ensemble, capable de vos discussions détaillées ultérieures.

Enfin, pour terminer cette discussion « académique », il me sera permis de parler d'un droit historique universel, s'adressant à tous.

Un homme est venu dans le monde faire une révélation parlée, uniquement parlée, mais vivante, agissante, et qui s'est trouvée d'accord avec une bien plus vieille révélation authentique, mais qui n'était qu'écrite, et que le monde ignorait ou avait oubliée.

Cet homme, venu évidemment du monde invisible des Esprits dont nous ignorerons toujours les lois, a dit entre autres paroles :

« Nul ne connaît le Père, si ce n'est le Fils qu'Il a envoyé. Vous ne pouvez communiquer avec le Père que par Moi. Je suis la Voie, la Vérité, la Vie. Le ciel et la terre passeront, mais mes paroles ne passeront point, etc., etc. »

Nul autre que Lui, parmi les fondateurs de religions, ne s'est déclaré d'essence divine, n'a mieux montré la ligne de démarcation entre les religions faites de sagesse humaine, et celle qu'il a fondée sur l'infini du mystère et du dogme, sur l'infini de son cœur brûlant d'amour-charité. Quand Il dit : « Je suis la Vie », nous sentons d'instinct qu'il ne s'agit pas seulement de la vie naturelle, mais de la vie surnaturelle. Nous sentons que, puisque la religion est ce qui relie, nous sommes reliés, par la sienne, à vingt, puis à soixante siècles historiques en arrière; nous sentons immédiatement que la Religion est fondée sur l'instinct, non sur l'impuissante raison, mais sur l'instinct qui pilote la raison et la précède toujours. Nous sentons enfin que la Religion est d'une essence parallèle à la raison, indépendante de la raison, et de ce que nous

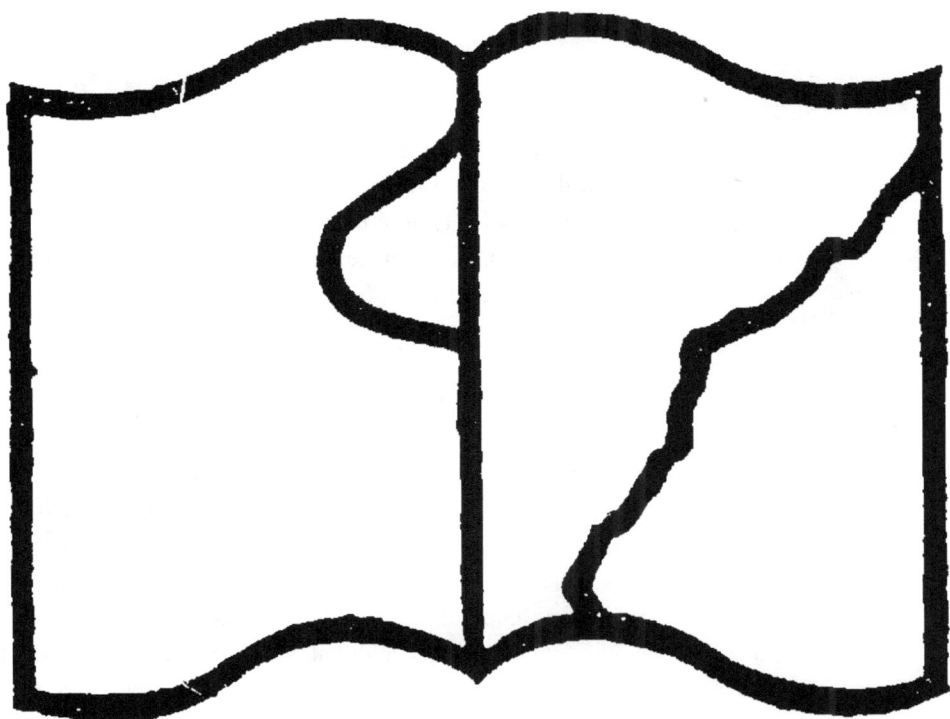

Texte détérioré — reliure défectueuse

NF Z 43-120-11

appelons le naturel (que nous croyons connaître), enfin qu'elle n'est pas incompatible avec la raison.

La raison, cette plus belle faculté de l'homme, belle au point de rendre l'homme orgueilleux ou fou de raison même, n'est qu'une faculté subséquente et subsidiaire. L'instinct lui est antérieur et peut-être supérieur! La plus brillante de nos facultés, elle, l'imagination, ne peut-elle pas devenir à son tour la folle du logis, si elle n'est pilotée par l'instinct, par l'instinct que rien n'étouffe, n'abolit. L'on n'abolira donc pas plus la Religion qu'on n'abolira l'instinct, qu'on n'abolira l'homme à organisation complète. Il n'y a que les hommes à organisation incomplète qui s'y essaieront, mais toujours en vain.

La religion suppose une certaine délicatesse de sentiments, une vivacité d'impression, non de sensation, une dose de sensibilité que tout le monde possède, mais à des degrés fort divers, ce qui rend impossible l'unanimité des sentiments religieux. C'est aussi impossible qu'un homme physiologiquement parfait, ce serait trop beau sur cette terre, sans doute.

La religion suppose aussi la simplicité, et par là, s'adapte aux pauvres d'esprit, qui ont reçu le souffle divin, comme les brillants ou les superficiels; elle s'adresse donc aussi bien aux âmes d'élite qu'aux âmes simples: de là son universalité.

Sans mysticisme comme sans théologisme, devant cette Assemblée universelle, il est donc permis de parler à tous les peuples de la terre de la religion universelle. Si la sublime oraison qui nous vient directement du fondateur du christianisme, le *Pater*, n'est pas encore adoptée ou connue aujourd'hui par toutes les nations de la terre, elle le sera un jour par la force irrésistible de ce Docteur des nations qui nous l'a donnée.

Il est également permis de dire que l'on conçoit mal une religion

 .... anglaise, russe, allemande, grecque, américaine, japo-
.... que l'on conçoit mieux une religion qu'aucun gouver-
.... peuple ne puisse accaparer dans son intérêt particulier,
.... pouvoir temporel, et universelle de par cette séparation
.... isolée l'on conçoit aussi, qu'au milieu des mentalités
.... opposées, qu'au milieu des contingences humaines des
.... faut à cette religion, pour subsister pure de tout alliage,
.... avec pureté, garder ou surveiller le dogme, un chef
.... partant, une hiérarchie. De là trois choses caractéris-
.... la religion universelle et qu'elle seule possède : l'auto-
.... hiérarchie, le dogme, trois choses logiquement nécessaires,
.... indispensables à son unité, à sa pureté, à sa perpé-
.... Humainement, l'autorité vient d'en haut, non du « Démos »
.... et versatile. C'est une belle analogie avec le point de vue
.... où l'autorité vient de Dieu même. Donc, humainement, une
.... autorité suprême suppose une hiérarchie capable de trans-
.... et d'obéir, comme obéissent les généraux au généralissime,
.... doivent obéir, sans aucun doute, à la cour céleste ou dans
.... monde invisible et divin des esprits les anges qui transmettent
vraisemblablement les ordres de Dieu, dans le gouvernement du
monde terrestre et universel. Reste le dogme enfin qui est simplement la vérité indémontrable ou inconnaissable humainement, mais
qu'il faut croire sous peine de ne rien saisir, expliquer, comprendre
à ce monde, sous peine d'y agir sans but et de dégénérer morale-
ment en avançant scientifiquement et sans bonheur vrai.

Humainement parlant, les évêques et l'évêque de Rome leur
chef, ainsi que les quelques dogmes dont ils ont la garde qui en
fait notre quiétude, s'expliquent lorsqu'on n'a point d'idées préconçues. Et si l'on songe que tous les dogmes possibles sont contenus
dans le court symbole des apôtres, l'on reconnaîtra loyalement la

simplicité et la grandeur inexprimables de la religion universelle, créatrice et initiatrice incomparable d'actions sublimes et à nulle autre pareilles. Les autres aspects de la religion, d'ordre théologique, ne sont point à examiner dans cette auguste Assemblée de La Haye qui a d'autres desseins. Qu'il suffise à ses membres de savoir que l'Église antique et solennelle dont le siège est à Rome, mais qui pourrait tout aussi bien être ailleurs, n'a jamais perdu l'espoir de rallier à Elle, avec le temps, les dissidences israélites protestantes, et autres religions purement extérieures ; qu'Elle considère ces dissidences comme des incidents des temps, et qu'Elle reste dans le temps avec toute sa sérénité immuable. Elle a éprouvé que l'esprit humain est terrestre, exclusif, autoritaire, intolérant parfois, étroit, c'est-à-dire limité, mais Elle n'en a conçu pour lui que plus de charité-amour et de patience, et jamais de haine, sa mission étant de fonder toutes ses œuvres terrestres sur l'amour et le pardon, dont son divin fondateur lui a donné l'exemple, en sa qualité de Fils de Dieu. Car le pardon étant la marque du seul divin, elle prie pour ses ennemis et les aime. L'Église, c'est l'assemblée des fidèles. L'assemblée des fidèles, c'est l'Église tout uniment. Tous nous en sommes membres plus ou moins actifs, fervents, indifférents ou même dissidents pour un temps. Puisqu'il y a une part de libre arbitre et une part de fatalité dans les événements, c'est que l'épreuve fait partie du plan divin, exposé dans l'Évangile, et que chacun est libre d'y venir, sans contrainte, mais par persuasion.

L'Évangile n'est pas toute la révélation, c'en est la confirmation, la preuve, le complément et aussi la sanction. En effet, pour puéril qu'il paraisse à certains esprits trop brillants peut-être pour l'approfondir, l'Évangile n'en reste pas moins une épée de Damoclès pour tous. L'incroyant finira par se dire : Eh! mais si l'Évangile dit vrai, pourtant, à quel malheur irréparable ne m'exposé-je point? De si grandes choses dites si simplement qu'elles ne paraissent pas pensées, et si nettement que je sens néanmoins qu'elles sont pensées, ne me montrent-elles pas qu'il est plus avantageux de croire que de ne pas croire ce qu'enseigne la religion chrétienne? Je ne connaîtrai vraiment Dieu utilement que par Jésus-Christ; je me lasse à chercher le Dieu utile par le seul raisonnement; décidément je rentre, au moins en pensée, dans le giron de l'Église, de l'Église qui priera quand même pour moi, j'en suis assuré. Je reconnais décidément que toute religion universelle commence à Jésus-Christ, non à M. X..., fondateur nouveau ou à M. Y..., réformateur maladif. Je sens par la méditation profonde que les vrais Juifs et les vrais chrétiens n'ont qu'une même religion, dont je suis ou serai, que le moment vient où j'agirai pour mon compte et non plus la galerie.

Le cléricalisme, voilà l'ennemi! est une parole célébrée depuis plus de 20 ans, qui reste toujours vraie, vraie à cette condition de comprendre qu'entre le cléricalisme de la synagogue et la religion universelle il y la Croix; qu'entre le cléricalisme de la phraséologie humaine ou humanitaire il y a les œuvres, la charité, les saints, les Pères de l'Église; qu'il y a beaucoup de sortes de cléricalisme, puisque toute exagération de pouvoir est un cléricalisme; de comprendre que le rituel symbolique n'est pas toute la religion; que le culte lui-même n'en est que la manifestation nécessaire; de comprendre enfin que, l'exagération étant d'essence humaine et la mesure étant d'essence divine, il y aura toujours un cléricalisme qui sera combattu par un cléricalisme pire; que, pour les concilier ou les corriger, il faudra toujours en revenir à la Croix. C'est là que l'Église universelle convie tous les peuples de la terre dans leur intérêt, car le divin Crucifié a dit que, lorsqu'il sera élevé sur la Croix, il attirera les peuples à Lui. Ainsi soit-il.

M. LE REPRÉSENTANT DE L'ALLEMAGNE. — Les idées générales et vaticanesques qui viennent d'être exposées, si elles prenaient corps, seraient contraires aux intérêts de l'Allemagne qui....

M. LE REPRÉSENTANT DE L'ANGLETERRE. — Et à ceux de l'Angleterre, donc!...

M. LE REPRÉSENTANT DE L'ALLEMAGNE... aux intérêts de l'Allemagne qui seraient sacrifiés à ceux de la France, de la France insatiable de conquêtes, ennemie héréditaire de l'Allemagne, empêchant toujours celle-ci de trouver son assiette définitive, soit en Europe, soit ailleurs. Napoléon, Turenne, Condé! ont ravagé....

M. LE PRÉSIDENT DE LA CONFÉRENCE. — Messieurs, permettez-moi de vous rappeler que nous ne sommes pas dans un Parlement ordinaire, qu'il nous faut ici modérer nos langages ou nos idées reçues. D'ailleurs la parole revient, d'après le protocole, d'abord à M. le représentant du Japon, comme étant le plus jeune d'âge, ensuite à M. le représentant des États-Unis d'Amérique, etc.... M. le représentant de la France ne parlera que le dernier, puisqu'il est le plus âgé. Patience donc, Messieurs, et laissez parler librement M. le représentant du Japon.

M. LE REPRÉSENTANT DU JAPON. — Messieurs, nous autres Extrême-Orientaux, qui avons des civilisations, des traditions, et surtout une mentalité si différente de celles des Occidentaux, depuis surtout que saint François-Xavier nous a apporté, alors dans sa pureté complexe, l'idée chrétienne dont il vient d'être parlé sommairement, l'Histoire, veux-je dire, nous apparaît sous un tout autre aspect qu'aux Occidentaux. Je ne saurai pas employer le

langage pur et académique des gens cultivés, surtout celui quel
quefois dissimulateur des diplomates de l'École occidentale. Ma
culture étant toute extrême-orientale, je prie l'auguste assemblée
de la Haye de vouloir bien excuser mon défaut de culture et mes
incorrections de langage.

Si l'on veut sincèrement la paix, il faut en prendre les moyens.
L'un de ces moyens consiste à parler librement, puisque nous
sommes ici plus que des diplomates, que nous sommes en séance
secrète et que nous sommes dégagés des préjugés arriérés.

Voulant donc faire une fois pour toutes, pour n'en plus parler
ensuite, le procès européen, je dirai que, dans le passé, nous voyons,
par exemple, l'Allemagne, prétendant être le Saint-Empire romain
germanique, pesant tout autour d'elle sur tous les peuples : nous
voyons l'âme allemande, confuse, s'ignorant elle-même, mais voulant
l'*imperium* sur tout ce qui est à sa portée, digérant tout et ne rendant jamais rien à autrui, revendiquant des « droits historiques »
basés sur des hasards de la féodalité, et, tout en se disant pacifique,
accusant de « conquérants » les peuples qui se défendent ou veulent
conquérir seulement contre elle leur indépendance, se séparer d'elle.
Cela n'est point, veux-je dire, le procès de l'Allemagne, mais le procès
de l'Histoire telle qu'elle apparaît à nos esprits extrême-orientaux :
le procès de cette propension à l'assimilation qui fait trouver que
tout est Germain dans les directions qui sont à la convenance de la
Germanie ; mais c'est bien plus le procès des Européens qui, ne
pouvant plus coloniser nos pays surpeuplés, voulaient au moins les
asservir au nom d'une supériorité de culture d'ordre plus ou moins
germanique, puisque les Européens seraient, à nos yeux et selon
leur science, la famille « germano-hindoue » qui revendiquerait
bientôt jusqu'au cœur de l'Asie, l'Inde elle-même !

Politiquement, nous-mêmes les Japonais, eussions été russifiés.

et d'autres peuples asiatiques eussent été plus ou moins germaniso-européanisés (votre formule de la famille germano-européenne) à bref délai, sans la finesse orientale, opposée à temps à l'esprit géométrique, logistico-scientifique, prétentieux et conquérant des Occidentaux.

Naguère encore, nous eussions eu moins à redouter du germa-nisme mitigé, plus humain, c'est-à-dire plus universel et moins exclusif [que représentait la France au précédent siècle. Celle-ci nous semblait alors avoir une sorte de prééminence morale qui ne pouvait inquiéter personne, même en Europe politique, à cause même de la situation géographique de la France reléguée à l'ouest européen, situation qui l'empêche de peser sur les autres peuples, d'être dangereuse pour ses voisins, que des mers ou barrières naturelles séparent du peuple franc.

C'est ainsi que Français et Japonais semblaient si bien faits pour se comprendre d'une extrémité à l'autre du continent mondial qu'on nous appela un moment les Français d'Extrême-Orient!

Mais, depuis, nous avons éprouvé que les Français, qui ne sont constants que dans l'inconstance, avaient cessé de nous sourire, associés qu'ils étaient à ces autres Germains, leurs demi-frères sans doute? puisque c'étaient ceux-ci mêmes qui avaient rompu l'équi-libre européen, précédemment stable, que nous contemplions!

En voulant déchiffrer cette énigme, nous avons cru depuis recon-naître (en histoire dès lors contemporaine) qu'un autre germa-nisme, plus particulariste, plus intensif, plus étroit dans son exclu-sivisme, ayant sans doute voulu rompre cet ancien équilibre, avait réussi à exhumer le vieux germanisme total du v⁰ siècle, avait réussi ensuite à faire armer toute l'Europe d'abord, puis, subsé-quemment, à l'unir toute contre notre continent! Telle était notre première conception orientale.

Eh bien, non, il paraîtrait que nous comprenions mal, que ce n'était pas d'abord pour s'armer contre nous qu'avait été exhumé ce vieux germanisme, mais pour abaisser l'un des frères germains au profit de l'autre, et, pour le dire en plus clair, abaisser la France (qui nous était plus connue et sympathique) au profit de l'Allemagne (que nous connaissions moins). Il paraîtrait enfin qu'il y avait là un différend franco-allemand! Quel oriental l'eût cru? En vue de ces assises de la Paix, nous avons étudié ce différend, source de tant d'armements depuis ce réveil de 1870 du vieux germanisme; et voici, dessus, notre avis désintéressé, compris à la façon orientale et non à l'occidentale.

L'armement intensif de toute l'Europe, puis d'autres contrées. devait en être et en a été la conséquence nécessaire, forcée; ces choses ne peuvent se nier, l'univers le sait. Permettez-moi de continuer. Le vieux germanisme n'est pas seulement une question franco-allemande depuis que la France et l'Allemagne se sont séparées sous les faibles successeurs de Charlemagne; il n'est pas seulement une question européenne, il est devenu une question mondiale qu'il faut résoudre, si possible, autrement que par le gantelet de fer (importé jusqu'en Asie), l'épée aiguisée et la poudre sèche. L'Europe, qui n'est qu'une péninsule de notre grande Asie mondiale, peut écouter notre avis, qui est celui-ci, sur ce différend franco-allemand, source de la perturbation mondiale.

Avant Charlemagne, l'Allemagne n'a pas d'histoire; la France, au moins depuis Clovis, en avait une. L'antériorité de l'empire des Francs, qui serait plus revendicable par la France (en tant qu'État séparé depuis) que par l'Allemagne a été négligée, puis abandonnée par l'âme française (ou par les hommes d'État français), mais recueillie confusément par l'âme allemande. Celle-ci, soigneusement, se prétend seule héritière du Grand Empereur, bien que la famille de cet empereur se soit éteinte plus vite en Allemagne qu'en France après leur séparation ; bien que ce fut à l'origine les fils des Francs de Clovis qui francisèrent l'Allemagne, la conquirent, puis la soumirent en même temps que Witikind, en la christianisant d'ailleurs, de gré ou de force.

Si donc nous admettions la théorie des droits historiques, ce serait en faveur de la France sur l'Allemagne, des territoires jusqu'au Rhin. Il y a plus. Avant Clovis, il y a, de l'Océan au Rhin, une civilisation gallo-romaine admirable, fort avancée, une littérature, une histoire, etc., que les successeurs naturels des Gallo-Romains revendiquaient avant même que l'Allemagne naisse ou ait conscience d'elle-même. C'est cette antériorité qui a donné naissance à la revendication des territoires jusqu'au Rhin par les successeurs des Gallo-Romains francisés ; depuis, il y a eu prescription, c'est entendu.

Nous n'entrerons pas dans les détails, mais nous ferons constater loyalement devant l'univers assemblé ici, que c'est Charlemagne le Franc, le successeur de Clovis, qui a organisé et fondu les diverses et hétérogènes tribus de la Germanie, qui a recueilli leurs idiomes divers pour en faire une langue commune, créé une grammaire tudesque, qui a organisé ces tribus en nations, organisation sans laquelle il n'y aurait pas eu, au centre européen, le Saint-Empire romain germanique néfaste et prétentieux du moyen âge.

Certes, il n'est au pouvoir de personne de refaire l'histoire, mais l'on peut constater qu'à l'aide du souvenir de ce Saint-Empire germanique (qui ne fut guère saint, mais seulement germanique), l'on revendiqua, jusque de nos jours, des territoires, où Lyon même et la Provence du roi René pourraient être compris ! Après 1870, des brochures insinuaient, souterrainement, que les populations de cette bande territoriale, par exemple, avaient des affinités visibles avec le germanisme, tout comme si la forte race celtique et gauloise n'était pas avant tout la base antérieure et ethnologique de ces populations !

Pour en finir et conclure, nous proposons de décréter ici, dans ce concile laïque des nations, l'abolition des droits historiques postérieurs à Charlemagne, afin qu'aucun peuple ne puisse accaparer ce Grand Empereur, créateur politique, si l'on peut s'exprimer ainsi, du christianisme, puis aussi de la langue tudesque.

Nul ne se permettra ici de soupeser la question 'e savoir par qui la guerre de 1870, si perturbatrice, a été voulue; tout le monde sera d'accord pour déclarer que le vieux germanisme latent la devait rendre inévitable.

Sauf les Slaves, les Turcs et Finnois, les Asiatiques et Méditerranéens, tous les autres peuples européens ont traversé la Germanie, à commencer par les Gaulois et toute l'immense famille celtique qui, avant de se fixer en Helvétie, en Gaule, en grande et petite Bretagne, s'arrêtant seulement devant les flots de l'Atlantique, partirent de notre plateau d'Arie de nombreux siècles avant que les Germains proprement dits (dont ils étaient parents) en vinssent faire autant, en se fixant eux-mêmes plus tard au delà du Rhin et du Danube, puisque les autres pays étaient déjà occupés par les premiers arrivés. Dira-t-on que ces peuples gaéliques, Gaulois et Kimris-Gaulois, sont aussi des Germains parce qu'ils ont au moins traversé ou occupé plus ou moins longtemps la Germanie? Et après les invasions des IVe et Ve siècles, où les Germains d'alors, poussés par les Asiatiques de notre grand barbare que fut Attila, se ruèrent en Gaule, en Espagne et jusqu'en Afrique où ils substituèrent l'empire vandale à l'empire romain d'Afrique, couvrant ainsi d'une nouvelle couche la couche des populations anciennes, dira-t-on encore que « sont Germains proprement dits » tous les habitants de ces contrées de l'ouest et du sud? On ne le dit qu'à Berlin.

Qu'est-ce donc que l'ancienne Gaule? C'est le pays des Alpes et Pyrénées, de la Méditerranée et de l'Océan au Rhin. Par qui est-elle habitée? Par les Français, les Belges, les Hollandais et les Francs Austrasiens. Elle était habitée autrefois par les Gaulois que Tacite nous dépeint de sensible ressemblance et de race homogène. C'est encore de nos jours la race la moins hétérogène de l'Europe.

Dès lors, qu'est-ce que l'ancienne Germanie? C'est le pays entre le Rhin et l'Oder. Par qui est-elle habitée? Elle est habitée par les descendants des Germains les moins anciens, par les descendants des tribus les plus diverses et les plus hétérogènes qu'il y ait eu, fondues par Charlemagne et par les siècles en un corps de nation, corps auquel Charlemagne imposa une grammaire commune pour leurs divers idiomes tudesques, et un code de lois résumant les principales lois barbares de ces ancêtres des Allemands de nos jours.

Qu'y a-t-il au delà de ces deux pays?

Les Slavies, Hongrie, Roumanie et Turquie vers l'orient; les Scandinavie au nord, les Espagnes et Italie au sud, les Grandes-Bretagnes anglicisées à l'ouest.

Tel est le catéchisme vrai, relatif à votre Europe, que pourrait décréter ce concile des nations.

J'allais oublier de parler de ce qu'il y a de plus montagneux et de plus remarquable en votre Europe, du plateau Suisse, d'où part le Danube qui va en mer Noire, le Rhin en mer du Nord, et le Rhône en Méditerranée. Clef stratégique de l'Europe, il est à retenir en faveur de Napoléon qu'il ait respecté l'indépendance d'un tel site aussi puissamment offensif qu'il est admirablement défensif, et que sa neutralisation est la sagesse même, car si l'Europe se prêtait comme l'Asie aux grands Empires, c'est là qu'il en faudrait placer le siège, où il n'y a pourtant aucune grande ville.

Les Gaulois Helvètes qui habitaient ce pays au temps de César lui ont laissé leur nom d'Helvétie, nom bien celtique comme la couche de populations qui recouvrait la Bavière même et la haute Italie, où l'on parle respectivement l'allemand et l'italien modernes aujourd'hui, sans que cela infirme rien quant à l'origine celtique des habitants primitifs. Dans notre Asie, où l'écriture seule interprète plusieurs langages, nous ignorons ces querelles des langues modernes. Mais il est évident qu'au moyen âge les diverses langues romanes se sont parlées dans toute l'Helvétie confusément, puis en s'éteignant peu à peu, se transformant sur chaque versant dans la langue qui commençait à prédominer sur ce versant même, se sont fondues chacune dans ces trois langues naissantes. Mais cela n'infirme rien quant à l'origine primitive et celtique des habitants. La France très digne en cela ne revendique pas de populations pour motifs de langage; et si l'Helvétie devait un jour se partager en trois tronçons linguistiques, ce serait détruire une belle garantie de paix, une belle unité géographique, et abolir arbitrairement de jolies pages d'histoire, qu'expliquerait seule l'ambition d'un germanisme conquérant, d'un pangermanisme faussement basé sur des apparences linguistes, et dangereux en tout cas.

Les hommes politiques d'autrefois n'ont pu échapper à leur temps, aux idées de leur temps. Déjà les chemins de fer ont eu la propriété de modifier leur temps. Nous voici arrivés à l'époque des ballons et des premiers conciles laïques universels des nations. Nous sommes ainsi à l'aurore d'un temps nouveau. Donc, aux peuples leurs gloires passées intactes, et passons aux temps à venir.

Si j'ai fait le procès rétrospectif du germanisme conquérant européen, c'était pour apporter ma pierre au monument de la paix universelle, paix à laquelle, si nous nous y consacrons, ainsi que mon langage le prouve, nous ne croyons que médiocrement, parce que nous estimons, nous autres Extrême-Orientaux, que la guerre, que nous ne redoutons d'ailleurs pas trop, est la rançon, peut-être nécessaire, mais toujours directe ou indirecte, de l'imperfection de l'homme, des exagérations qui sont incluses ou inconscientes dans la nature humaine, arbitraire, autoritaire, injuste.

La guerre résulte encore de la nécessité où l'on se trouve de trouver à manger; la faim, qui fait sortir le loup du bois, décèle une loi qui est universelle, irrésistible, humaine aussi bien qu'animale. Lorsqu'une population augmente au point de n'être plus contenue dans son domaine géographique naturel, elle essaime, se heurte à l'arbitraire politique d'un autre (ou à l'occupant antérieur), d'où conflit, souvent conflit armé. La nécessité des échanges est presque aussi impérieuse que la faim pour toute l'humanité. Cette autre nécessité est une source de guerre subsidiaire et subséquente.

La guerre qui résulte d'ambitions préconçues, seule pourrait être quelquefois conjurée par votre auguste Assemblée, non les autres; et encore, la volonté tenace, arrêtée tendue par l'esprit de suite à travers le temps, au travers du siècle, finit par réussir à ses fins secrètes, souterraines, et aboutir à la guerre au moment choisi par l'une des parties sur l'autre, plus légère ou plus candide, ou plus niaise et plus mal préparée.

Enfin la guerre est expiatrice pour les nations aveulies par les richesses ou trop riches de sophismes humains et nigauds, au regard de nations plus vertueuses, moins superficielles.

Puisse notre franc et rude langage donner à réfléchir, faire constater que nous sommes pour la paix et les échanges de la paix, aptes et prêts à soutenir la guerre, et, par là même, avoir assuré la paix.

L'Asie a été le théâtre des plus grands empires qu'il y ait eu, théâtre auprès desquels l'empire romain ne fut qu'un nain ; elle se prêterait mal à des États-Unis d'Asie, tandis que l'Europe par sa configuration privilégiée et à nulle autre pareille dans le monde, se prêterait merveilleusement à des États-Unis d'Europe. *A priori* l'on pourrait croire que ceux-ci seraient un danger pour l'Asie ; qu'en ne m'y opposant pas, j'aurais agi contre les intérêts de l'Asie. Il n'en est rien. L'Asie, c'est le monde même, glaciale au nord, brûlante au Sud, où il y a place pacifique pour tout le monde et pour y tailler des empires plus grands que toute l'Europe réunie. Un seul de ces empires vaut l'Europe et ne la redoutera point sous peu. J'ai nommé la Chine terrestre, alliée naturelle du Japon maritime, et vice versa. Je n'ai point qualité d'ailleurs pour parler au nom du reste de l'Asie et je m'arrêterai sur ce.

M. LE PRÉSIDENT. — La parole est à monsieur le représentant des États-Unis de l'Amérique du Nord.

M. LE REPRÉSENTANT DES ÉTATS-UNIS DE L'AMÉRIQUE. — Messieurs, je n'aurai pas moins de hardiesse franche que M. l'orateur merveilleux du Japon, pour définir le malaise européen, et partant mondial, qui n'est autre que l'impérialisme, mal compris en Europe, et mal pratiqué.

L'Amérique, tranquille entre le Pacifique et l'Atlantique, regardant l'Asie et l'Europe, ne demande qu'à faire des échanges avec ces deux parties du monde. Qu'au point de vue purement politique on l'ignore comme elle était ignorée avant qu'on la découvrît, et elle ne se mêlera point aux querelles européennes ou autres. Nos puissants États-Unis laisseront tranquilles dans sa semi-indépen-

dance le Canada, sauf à commercer avec lui et les républiques latines
du Sud dans leur indépendance complète.

Notre heureux pays ne connaît point la théorie des droits historiques, processive, phraséologique et absurde, comme j'aurai
l'honneur de l'expliquer tout à l'heure en quelques mots.

Comme en Suisse, la question de l'unité politique n'existe pas
dans notre Confédération américaine. L'idée de patrie y est cependant très forte et puissante, d'abord parce qu'elle n'est pas
combattue par des exaltés chimériques (des esprits purement
logiques à organisation incomplète), ensuite parce qu'elle est
considérée comme l'ensemble des sentiments, des intérêts et des
volontés qui attachent les hommes entre eux. A la place de préjugés
arriérés, il y a une compréhension raisonnée des obligations d'une
vie associée. Point de sophismes sous couleur de faux progrès, mais
resserrement continuel de liens continus entre les individus qui
font les nations viables et les États florissants. Point d'autres
préjugés non plus.

Le malaise européen part du malentendu franco-allemand, de
l'erreur inscrite au traité de Francfort, de ce que la bonne vieille
France généreuse, au noble et grand passé, ne se sentant plus en
sûreté, n'est plus vraiment indépendante, vraiment elle-même,
de ce qu'il n'y a plus d'Europe; j'entends d'Europe équilibrée,
l'équilibre stable ayant été remplacé par un équilibre instable et
artificiel, sous le prétexte, voulu à travers le temps, de langue
parlée.

Pourtant la langue en Alsace n'est qu'un accident; l'origine
celtique des habitants est certaine. C'était la plus française des
provinces de France par le cœur, la plus empreinte de francisisme
dans ses mœurs, son sol, son génie. C'est encore la plus humaine
des provinces de l'Univers, traversée qu'elle fut par tous les peuples;

et, en dépit de sa langue, elle ne sera jamais de culture et de génie germaniques; elle est incontestablement de région géographique française; et le plus vieux monument de la langue française a été écrit à Strasbourg par deux rois frères qui se juraient amitié en se partageant leurs États.

La province providentiellement située pour être et rester le trait d'union de deux grands peuples un moment frères et unis, qui avait reçu d'eux tour à tour une couche alternée de populations, qui avait confusément parlé les deux langues, puis finalement adopté celle dernière venue, qui, par le hasard confus du moyen âge, devint en fait une république indépendante; qui redevint française pure au XVII° siècle, qui ne demandait qu'à y rester et n'implorait point que l'on vînt la délivrer de sa nationalité politique dont elle était fière ou satisfaite, n'aurait pas dû au dernier tiers du XIX° siècle être arrachée, sans son consentement, de sa situation politique et sociale. Telle fut la faute commise, commise dans des vues que nul ne se permettra de juger ici où, par ma bouche désintéressée, l'on expose sans récriminer.

L'absurdité des droits historiques ressort de ce fait qu'il y en a toujours un antérieur à celui que l'on invoque, qui permet de contester celui-ci par conséquent, et ainsi de suite jusqu'au déluge.

Charlemagne fut un empereur franc et non allemand; il fut aussi empereur pour les Italiens. Or Clovis est le fondateur de l'empire franc; Charlemagne, son continuateur, est en outre le fondateur de l'empire franco-germain, il est l'organisateur de la Germanie purement barbare alors et sans aucune espèce d'unité. Son empire est franco-italo-germain au point de vue d'aujourd'hui.

Charlemagne ne règne pas à Rome, ne fonde donc pas l'empire romain-germanique; mais l'occupant de Rome le nomme empereur d'Occident, et non point empereur romain d'Occident, titre définitivement évanoui avec la réalité ancienne même que ce titre représentait.

Abstraction faite du titre romain, l'empire franco-germain de Charlemagne ne pouvait durer, les Gaulois et les Germains étant, à la base ethnologique, deux peuples différents, qui pouvaient rester amis, mais séparés politiquement, séparés qu'ils étaient déjà par le génie ou la culture antérieure.

Depuis Charles le Chauve et Louis le Germanique, la France et l'Allemagne ont eu une existence politique différente, et leur dernier conflit a amené un malentendu aigu qui n'est peut-être pas irréparable, puisque justement l'idée des États-Unis est dans l'air. Nous n'y faisons point d'opposition ; mais pour les fonder en Europe, l'on ne sera pas sur un terrain neuf comme on le fut en Amérique.

Nos États-Unis ne sont point arrivés du premier coup à la stabilité dont ils jouissent ; ils se sont fait une guerre intestine à propos d'intérêts opposés entre le Nord commerçant et le Sud agricole. Ils ont fini par se réconcilier.

En s'unissant tels qu'ils sont aujourd'hui, les États de l'Europe, chargés d'histoire mais aussi d'expérience douloureusement acquise, pourront sans doute s'accorder en restant, comme les nôtres, chacun indépendant au point de vue financier, législatif, judiciaire, administratif et même militaire à l'intérieur, mais unis au point de vue extérieur et politique. N'étant pas Européen il ne m'appartient ni de décider que ces États naissent et sortent de l'état de projet, ni, cela étant fait, de participer à leur organisation ; c'est l'affaire des commissaires européens. Qu'il me suffise de penser que précisément parce que ces États à unir sont chargés d'histoire, il sera tout d'abord de sagesse élémentaire de discuter à fond cette histoire, les causes des conflits antérieurs et des malentendus plus récents pour se les expliquer à la lumière de l'expérience, de sonder et recueillir toutes les opinions, d'étaler toutes les craintes pour les dissiper, si possible, et avoir les avis divers pour mieux connaître la question, pour mieux débattre ensuite les conditions de l'union à faire.

Nous sommes pratiques aux États-Unis, permettez-moi donc de vous dire que, puisque ces États conserveront leurs langues particulières, grave difficulté que nous n'avons presque pas aux États-Unis d'Amérique, il nous semblera prudent, en laissant tranquilles les petits et moyens États, de scinder préalablement et régulièrement ceux trop grands ou trop puissants à l'heure actuelle, afin qu'ils ne soient pas tentés de vouloir dominer trop exclusivement l'ensemble. Cette précaution primordiale pourra vous éviter un conflit semblable à celui que nous avons subi nous-mêmes en 1864, semblable à celui que l'Allemagne elle-même a subi en 1866.

Il n'est pas nécessaire pour cela de les faire égaux comme le sont les départements français par exemple, non. Il suffit de les équilibrer à peu près régionalement en tenant un large compte de la vérité historique et ethnologique vraie, en ménageant les susceptibilités particularistes légitimes. La Russie et l'Allemagne, les plus grandes, peuvent être avantageusement scindées en deux ou trois régions géographiques naturelles, de façon que la France ou l'Autriche par exemple soient des mesures moyennes. Ce que j'ai l'honneur de déclarer à l'Assemblée me paraît très sérieux.

Avant de terminer, je demanderai la permission, en ma qualité d'Américain, de donner encore un petit avis à la France et un court et dernier à l'Allemagne, puisque ces deux vaillantes nations qui vont se réconcilier ont nos sympathies américaines. Je ne serai pas tendre pour la France, parce qu'on doit à ses vrais amis d'être sévère avec eux. Plus on les aime, plus on leur doit la vérité.

Je dirai donc que la Révolution, avec sa doctrine si vantée de

3

l'émancipation de la pensée humaine, a été cause que la France jouit de moins de liberté que d'autres pays où le principe n'a jamais été proclamé, comme formule abstraite, en temps d'insurrection.

Un siècle après que la Déclaration des Droits de l'homme a déclaré que nul ne peut être inquiété pour ses opinions, même religieuses, il reste encore tant d'intolérance dans le Pays que l'on peut dire que la liberté, telle que le Français la conçoit est la liberté pour les idées en accord avec les siennes.

Très sociable, aimable avec les étrangers, le Français est cruel pour ses compatriotes, voilà l'effet de la Révolution française sur les Français. Laissée entre les mains des rhéteurs, des juristes, des théoriciens, elle menace d'aboutir à la perte du bon sens même, au chaos. Le parlementarisme, et quel parlementarisme ! impuissant pour les vraies réformes !... loin d'y remédier, ajoute au trouble issu d'une grande Révolution mal interprétée par la génération actuelle qui use et abuse de la contrefaçon. Mauvais usage de la Révolution, mauvais usage du parlementarisme ; deux plaies à guérir. L'absolu, qui est le cousin germain de l'absurde, l'absolu avec lequel les Français pensent, parlent et agissent entre eux : c'est le mauvais usage de la Révolution. D'autre part, la forte centralisation napoléonienne, si merveilleusement organisée et si nécessaire en son temps, est incompatible avec le parlementarisme. Il y a trop de législateurs, trop de lois, trop d'administration, trop de projets et contre-projets, trop de littérature, trop d'universitaires, trop de mandarins, trop d'opinions toutes faites, trop de presse redondante, emphatique, prolixe, nourrissant le public de mots, d'assertions sans les preuves, d'opinions sans les motifs ; il y a trop d'intransigeance, trop de mauvaises raisons, trop peu de sens de la réalité, trop de logique, trop d'autoritarisme, trop d'intolérance, trop de courses à la popularité, trop de flatteries au peuple (parce que la flatterie est en soi une trahison); trop de politique pure et abstraite enfin.

A l'Allemagne je dirai : Lorsqu'un Allemand vient en Amérique, s'il garde encore sa nationalité politique, son descendant, lui, la perdra en perdant aussi son originalité ethnologique et sa langue ancienne et se fondra dans le creuset où il s'américanise. Même s'il sait encore parler l'allemand, il est Américain. Revendiquer *in æternum*, au nom de la langue parlée, des populations qui ne sont pas toutes nécessairement d'origine tudesque, mais qui ont adopté cette langue par nécessité, par intérêt, ou par goût, est peu moral : imposer cette langue à d'autres populations au nom d'une culture même supérieure, n'est pas plus moral, plus libéral, plus cultural : c'est arriéral pour nos jours et pour l'avenir.

A l'Europe je dirai : De quel droit nous opposerions-nous à l'Union de vos États ? Et j'ajouterai que nous ne ressentons d'avance aucune vaine alarme à la pensée de l'union des marines anglaise, française, allemande, espagnole et russe réunies, parce que cet appareil guerrier n'a rien à faire en Amérique et que nous sommes sûrs que le Chef de votre Union saura que la force des nations n'est admirable qu'au service de la justice, qu'il ne commettra jamais la sottise de vouloir diriger seul les destinées du Monde par la force et qu'il préférera être toujours l'arbitre de la Paix, à l'aide de la Puissance dont vous l'aurez investi.

Son élection sera votre difficulté, mais vous la résoudrez comme vous résoudrez la question de ses attributions et de son autorité, celle de votre législation commune, de votre Constitution pour l'Extérieur, en nous faisant de larges emprunts, à nous Américains.

Bref, un grand nombre de combinaisons sont possibles en dépit de l'opinion des gens absolus, sans souplesse, dont une seule idée, fixe ou préconçue, remplit la tête à la faire éclater, et ne savent pas laisser coexister deux idées si l'une leur déplaît. Ces gens sont heureusement les moins nombreux ; ils ne nous priveront probablement pas de voir bientôt un spectacle nouveau dans le monde : les États-Unis d'Europe auxquels vont nos vœux. Faites ensuite une bonne loi sur les tarifs de douane.

M. LE PRÉSIDENT. — La parole est donnée à Monsieur le Représentant de la Suisse.

M. LE REPRÉSENTANT DE LA SUISSE. — Messieurs, la Suisse, paysanne, ne ressemble en rien aux monarchies et grandes nations qui l'entourent, et auxquelles elle ne peut pas plus servir de modèle absolu que ces autres ne lui en servent à elle-même. La Suisse, neutre, est pacifique par excellence. La paix perpétuelle avec les Suisses, qui date du roi de France François Ier, n'a jamais été rompue depuis.

Désireux de conserver intacte leur grande communauté, les Suisses sauraient, s'il le fallait, la défendre, même contre l'Europe entière coalisée et mourir par patriotisme jusqu'au dernier. Mais, heureusement les idées sont à la paix ; nous voulons honnêtement la paix, mais nous ne voulons pas désarmer bénévolement.

Le spectacle, au cœur de l'Europe d'un Empire qui a digéré historiquement des Prussiens, qui absorbe aujourd'hui des Danois, des Polonais, des Tchèques, des Français, absorbera peut-être des Hollandais, des Belges et des Suisses, au nom de « droits historiques », inquiète notre prévoyance.

La réaction triomphante du vieux germanisme de 1870 a donné naissance, depuis, au pangermanisme, bien autrement redoutable encore si l'on en croit ceux qui, en Autriche, parlent l'allemand.

Les Helvètes qui parlent l'allemand se considèrent ici de purs et simples Suisses, comme les Visigoths qui se sont spagnolisés, se considèrent de purs et simples Espagnols, comme les Ostrogoths qui se sont italianisés avec les Lombards se considèrent comme de purs et simples Italiens, sous les coups du temps, du sentiment, des intérêts, et même de la morale. Nos voisins et frères d'Alsace professaient qu'il y a des races allemandes très diverses, se comprenant à l'aide d'une seule langue ou à peu près commune; ils se croyaient aussi de purs et simples Français, comme nos Helvètes de langue allemande se considèrent comme de purs et simples Suisses.

Mais il advint un jour que des Allemands hétérogènes vinrent et de la Baltique lointaine, et des Alpes taper sur l'enclume d'Alsace, suivant l'expression d'un grand homme d'État; il pourrait donc advenir que, sous l'impulsion d'un autre grand homme d'État, l'on vînt depuis les Hongrie, Slavies et Bohême taper aussi sur l'enclume d'Helvétie, toute voisine de l'enclume d'Alsace. Nous n'avons donc pas à désarmer ni d'une baïonnette, ni d'un canon, d'autant que nous ne demandons rien et n'en voulons à personne.

Ce n'est qu'aux paysans et aux petits qui ne sont point suspects, tels que nous, qu'il est loisible d'employer le mot propre. Les grands parlent autrement : chaque mot ne prend sa valeur que de ce qui le précède, ou de ce qui suit, ou même du silence. Ils dressent des protocoles, des procédures, coupent les fils en quatre, enguirlandent l'abstraction pour faire accroire qu'elle est réelle, visible, à terre. Mais leurs généralités, qui sont très vraies, en elles-mêmes, puisqu'elles sont abstractives, ne rencontrent jamais d'application possible quoi qu'on fasse. C'est toujours pour un autre cas que le cas réel qui se présente qu'elles ont été dites, parfois promulguées solennellement; en sorte qu'elles ont pu être tra-

duites en lois et dites pompeusement aussi bien pour la lune que
pour l'autre planète dont nous sommes, où nous ne sommes pas de
purs esprits métaphysiciens ou platoniciens, mais de fiers Helvètes
en chair et en os, et pour y parler franc, à huis-clos, ici même.

Ce n'était pas nous qui tenions, aux temps lointains, la queue de
la poêle de ce germanisme teutonique imposant impitoyablement
sa langue aux tribus des Pruczi, ancêtres des Prussiens, pour les
démarquer, prohibant, jusqu'autour du foyer, la langue nationale
de ces tribus qui n'étaient ni slaves, ni germaines, mais peut-être
scandinaves pour se les assimiler ; ce n'est pas nous qui la tenons
aujourd'hui en Bohême ou en Lorraine pour en faire autant, et
authenticiser ces pays également.

Ce n'était pas nous qui étions les Conrad, les Barberousse, les
Quint, etc., arguant d'estoc et de taille de droits historiques qui
rendaient dangereuse pour toute l'Europe, la position géographique
même de l'Allemagne, position centrale et toujours si pesante sur
ce qui l'entoure, que l'on s'écriera bientôt de partout, de Bohême,
de Lorraine, de Suisse même : La langue allemande, voilà l'ennemi !

Nous ferions aussi bien, nous les Suisses, et aussi juste, le
procès des conquérants tels que Napoléon, par exemple. Mais vous
reconnaîtrez avec nous que ce n'est pas lui qui a voulu rompre le
traité d'Amiens, rupture qui le fit s'aventurer jusqu'au fond de la
Bohême à Austerlitz, à la recherche de la paix dont personne ne
voulait, excepté lui. Ce n'est pas lui qui provoqua la campagne qui
le mena à Iéna et beaucoup plus loin ensuite. Reconnaissons que
toutes les coalitions antérieures à cette époque, depuis le commencement de la Révolution ne lui sont pas imputables, mais à ceux
qui le traitent de « vil conquérant » parce qu'il se défendait offen-
sivement. Ce n'est qu'en 1809 seulement qu'il est provocateur
après avoir été six fois provoqué. Et qui ne l'eût été à sa place?

réalisateur qu'il voulait être d'un blocus continental inobtenable !
La Paix ! mais Napoléon vous l'a implorée, vous l'a demandée, à la
veille de chaque campagne, et vous la lui refusiez parce qu'à vos
yeux il était un intrus dans la famille des Rois, parce qu'au fond
c'était un démocrate comme nous, les Suisses, le sommes. C'est
vous qui l'avez rendu autocrate et vil conquérant, expression qu'on
peut lire sur des brochures de langue allemande. La langue allemande serait-elle décidément l'ennemie de la vérité? et par sa
tournure prosodique, et par sa construction que l'on dirait calculée
pour mentir à volonté ? Serait-ce là le secret des menées souterraines
dont fourmille l'Histoire? Serait-il, ce secret, dans le génie de
cette langue allemande, qui est le génie de certains peuples allemands, car ils ne se ressemblent pas tous ces peuples. Non, il n'y
a pas d'unité ethnologique ou ethnographique allemande. Le pangermanisme est illégitime; c'est une folie nouvelle comme celle
du Saint-Empire.

Oui, les Autrichiens et les Poméraniens, par exemple, constituent
deux peuples qui se servent de la même langue pour se comprendre
(avec l'Alsacien cela ferait trois peuples). La langue allemande, au
même titre que le latin vient directement du sanscrit, et s'est con-
servée à peu près une, grâce à Charlemagne, tandis que le latin,
submergé, scindé en trois langues, a été étouffé, comme le celtique
lui-même qui s'était jadis parlé de la Pologne à l'Atlantique. Oui, il
y a des Allemagnes comme il y a des Russies, comme il y eut des
Espagnes. Or, la mégalomanie ne réussit pas, même en Asie; la
mégalomanie n'a pas trop réussi à la Russie, même en Europe.
Méditez cet exemple; il ne faut pas pour cela sortir de l'école poly-
technique de Zurick. Arndt s'est trompé en vous signalant les
limites de votre patrie, le Waterland; mais il n'était pas homme
d'État, puisque poète. Les trop grandes communautés qui ne réus-

sissent jamais, ne sont donc pas utiles au bonheur des peuples, au contraire. Il est des lois d'airain qu'on ne peut enfreindre, qui sont écrites dans le sol, quelle que soit la langue parlée. Voyez le plateau suisse, placé providentiellement aux confins des trois races que Charlemagne régenta avec ses Francs; vous ne voudrez pas que ce rocher devienne ni votre Capitole, ni votre roche Tarpéienne. Pourquoi? Parce que le patriotisme qui s'y est formé sur un développement historique qui s'est constitué pacifiquement ne repose pas sur la communauté de langue, et parce que, si, comme dans un pays voisin, un névropathe, fou de logique, aveulit quelques individus, ce n'est pas sur le rocher suisse que vous rencontrerez des individus semblables pour coiffer un casque étranger. Nenni.

On a voulu parler de Turenne, au commencement de la séance. Mais Turenne en Alsace, Napoléon ailleurs ont remporté des victoires d'une certaine qualité, introuvable en bien d'autres victoires; y aurait-il aussi victoire et victoire?

L'incendie du Palatinat?... Je sais bien que certaines gens n'ont pas le don de la perspective dans la contemplation du temps et des époques; qu'ils apprécient mal tous les temps. Mais ne peut-on pas dire aussi qu'au dernier tiers du xixᵉ siècle, dans une guerre criminelle, des faits se sont passés rappelant identiquement, avec de la haine en plus les faits des invasions barbares des ivᵉ et vᵉ siècles? A cela que faire et que dire, sinon que l'homme n'est pas le souverain appréciateur, n'est impartial qu'à travers son épais et imparfait cerveau; et que c'est pour cela qu'a été prescrit le pardon des injures, ou l'oubli? Et la preuve c'est qu'il est un pays où l'on eut le bon goût de ne jamais célébrer bruyamment ni d'aucune façon les fêtes d'Austerlitz, d'Iéna, de Marengo, etc., etc.

Un dernier mot pour finir :

Si l'on ne rend pas l'Alsace à la France, ce qui serait honnête et plus rond (abstraction faite des conditions), donnez-en la moitié à la Suisse, l'autre à l'Austrasie (elle n'est pas trop bête cette résurrection de l'Austrasie vraiment historique celle-là), et instituez Strasbourg ville libre et capitale des États-Unis d'Europe. Sacrifiez ainsi le sot et funeste orgueil sur cet autel splendide, que son passé et sa situation géographique désignent. Ce sera une nouvelle illustration au vieil Argentoratum des Romains, qui avait été auparavant la capitale de remarquables tribus celtiques et gauloises, les Médiomatrices, les Rauraques, qui y ont laissé leur empreinte, et avait été postérieurement le siège du fameux serment de deux frères associés, de race franque, qui allaient régner sur leurs États respectifs, États obligatoirement séparés, de par la force naturelle des choses! De quelle belle association de droits historiques, vrais ceux-là, Strasbourg ne serait-elle pas la consécration, la vivante histoire et sous les yeux de son incomparable cathédrale d'art gothique, d'un art bien français d'origine celui-là, en dépit de son appellation que l'on croirait, bien à tort, germanique

Alors l'Allemagne aura fait enfin quelque chose qui ne sera pas seulement prétentieux, mais grand, et l'on dira à bon droit et de bon aloi : la Grande Allemagne ! Elle pourrait être fière de cet acte qui l'immortaliserait; il est à craindre qu'elle n'opprime, sans le vouloir, dans une autre voie.

Mais quel chef donner à ces États-Unis d'Europe lesquels auraient eux-mêmes chacun leur chef? Mais pour grand chef l'un d'entre ces chefs, comme l'un des cardinaux devient chef des cardinaux aux élections des Papes. Que la société civile imite un peu la société ecclésiastique, et il n'y aura pas de déshonneur, au contraire. Vous pourriez décider que le renouvellement aurait lieu tous les dix ans, pour en marquer la laïcité, ce qui ne serait pas meilleur et au décès du titulaire, pour en marquer la conformité.

L'élu qui serait internationalisé (toujours comme pour les Papes, vous dis-je) aurait toujours un successeur dans son État d'origine. Les chefs d'États, seuls électeurs sans intermédiaires, ni mandataire possibles, voteraient au scrutin secret vraisemblablement en faveur, non du plus puissant, nécessairement, mais du plus digne (toujours comme pour les Papes, vous dis-je), et suivant un tour roulant sur trois séries. Tour à tour le grand chef serait choisi dans la série d'États dont ce serait le tour.

Chacune de ces séries d'États renfermerait le tiers territorial approximatif de tous les États; ce tiers serait composé alphabétiquement pour répartir toutes les possibilités de territorialités non contiguës, de telle lettre à telle lettre; la première série d'États pourrait n'avoir que les trois premières lettres de l'alphabet, les deux autres séries renfermer toutes les autres lettres.

C'est ainsi que nous pourrions avoir la chance de voir grand chef le roi des Belges ou le président helvétique, etc., s'il est le plus digne dans la série dont c'est le tour de fournir le grand chef des États-Unis.

Pour un plan, voilà un plan. Les peuples qui se complètent l'un par l'autre, en se compénétrant dès lors, par une opinion publique plus éveillée auraient davantage de sources d'émulation vers le Bien, le Beau, l'Utile et le Juste (toujours comme pour les Papes, vous dis-je). La séparation des pouvoirs, la voilà; le pape ne serait pour rien dans l'affaire (unique préoccupation de certaines gens)! Voilà de la bonne besogne, à faire sans emphase, sans se torturer le cerveau à concilier l'inconciliable. Tout est simple et pratique ici, dans cette conception paysanne où l'Université n'est pas intervenue. Les abstracteurs de quintessence y trouveront un cheveu, justement parce qu'il n'y en a pas. Pour maints autres esprits éminents, ce sera trop simple et méritera d'être rejeté. Nous verrons. Pour notre part nous ne le rejetterions pas ce plan sous prétexte que ce serait trop beau, ou trop utile ou trop juste. Ah! mais non. Il n'y a jamais trop de sagesse humaine à mettre en action.

Objectera-t-on que ce ne serait pas démocratique, pas aristocratique, pas monarchique, pas républicain?...

Mais nous autres Suisses, qui sommes démocrates et républicains nous ne mettons pas le « kratos » dans le « démos » pour faire une démocratie; ce serait aussi monstreux qu'impossible puisque ce serait l'anarchie pure; le « démos » n'intervient que pour désigner le « kratos », non pour l'être, donc, mais pour lui obéir dès qu'il est désigné. Le pouvoir ne peut pas être dans le nombre, mais dans l'élite nommée par le nombre. La démocratie sans élite n'est pas viable; elle n'est durable que si l'élément « démos » constitutif a bien pleinement conscience de sa lourde responsabilité, non de sa force.

Le droit non plus, n'est pas par essence dans le nombre, ce serait monstrueux; le nombre ne le consacre seulement quelquefois que pour décider et trancher des questions secondaires ou de pure forme. Le droit est par essence dans la conscience universelle, ou dans les consciences particulières, ce qui est tout un. En effet, conscience et intérêt font deux et ne doivent pas être confondus, comme il arrive souvent en politique. Il n'y a que les politiciens pour dire : « Vous êtes le nombre, donc vous êtes le droit. » Cette formule est fausse puisqu'elle est réprouvée par la conscience universelle. Les consciences droites, qui sont les plus nombreuses, distinguent parfaitement l'intérêt du droit.

Et quant à la République, mais c'est la chose publique, non celle d'une caste, d'un parti, d'une tradition, d'une opinion préconçue, limitée ou d'une secte; c'est la chose publique tout uniment, variable comme les besoins et toujours en mouvement.

Dès lors, nous ne voyons point d'incompatibilité entre des monarchies et des républiques associées en vue d'une plus grande chose publique, que l'association soit temporaire ou permanente. Il n'y aura pour chacune aucune diminution de leur indépendance propre, aucune dérogation à leurs principes propres.

Au fond, il n'y a qu'une nuance entre république et monarchie (et en argutie, autant de différence que l'on veut), puisque c'est toujours un homme qui est l'émanation du pouvoir ou de qui le pouvoir émane; que ce pouvoir soit héréditaire ou électif; qu'il procède du hasard de la naissance ou du « démos ».

C'est le degré, la force, la nature ou l'étendue du pouvoir qui n'est pas le même d'après les institutions des divers pays ; mais c'est toujours un homme qui l'exerce suivant des règles, déterminées ou non, comme un sacerdoce. Selon le caractère de cet homme, qui entre toujours en ligne de compte, le pouvoir se traduit humainement en faits ou gestes plus ou moins justes, beaux, utiles, grands. Tant vaut l'homme tant valent les plus belles institutions.

D'ailleurs, le lien réglementé qui unira chaque État particulier à l'ensemble ne sera pas serré au point qu'il n'y ait du jeu, une possibilité de desserrement conditionnel, dans certaines circonstances prévues, à l'égard de tel ou tel État, et au besoin pour lui une neutralité temporaire dans l'Union, une suspension de l'Union pour des motifs graves à apprécier par le chef de l'Union, au crible de la Constitution commune. On ne copiera pas littéralement les États-Unis d'Amérique; nos États-Unis voulant seulement continuer leur histoire particulière dans une grande Union. J'ai dit précédemment que les trop grandes communautés ne réussissaient nulle part, je voulais parler seulement de celles qui ont l'ambition ou la force pour principe ou pour fin. Mais celles qui sont aux antipodes de ces idées de domination, d'oppression, qui n'ont que des vues écono-

miques de partie du monde à parties du monde à concurrencer ou
à concilier, qui ont l'amour pour fin, non l'ambition et la conquête
asservissante, peut-être que Dieu, s'il est un peu du contrat, les
bénira? Ainsi soit-il. Je ne suis pas clérical.

M. LE PRÉSIDENT. — La parole est au représentant de la Belgique.

M. LE REPRÉSENTANT DE LA BELGIQUE. — Messieurs, la Belgique, déjà
neutre, est évidemment pour la paix ; elle demande à conserver tels
quels son roi, ses institutions, son armée. Elle demande le *statu
quo* en Afrique où elle possède un empire. En Europe, loin de s'opposer à la résurrection de l'ancien royaume d'Austrasie, elle l'acclame
d'avance.

Le nom belge est représentatif d'un peuple gaulois encore plus
ancien que l'ancien peuple austrasien. Le nom austrasien peut donc
revivre également d'une façon indépendante, comme le nom belge
et, à plus forte raison, quel que soit, d'ailleurs, la nature du lien
qui unira ces deux noms aux États-Unis d'Europe, si on les orga-
nise.

Cette création préalable sera toujours un acheminement, et, en
tout cas, un premier grand pas fait vers la paix, vers notre sécurité
particulière. Vive donc le royaume d'Austrasie! même si les États-
Unis d'Europe ne s'organisaient pas faute d'entente définitive.

M. LE PRÉSIDENT. — La parole est à M. le représentant de la Hollande.

M. LE REPRÉSENTANT DE LA HOLLANDE. — Messieurs, la Hollande,
maritime, agricole et commerçante, demande à conserver toutes ses
institutions et à régler seule tout ce qui y aura rapport dans l'ave-

nir. Elle demande la sauvegarde de son empire colonial actuel. En Europe, elle ne pourra que se féliciter de la création d'un royaume d'Austrasie qui la couvrira, depuis le Rhin jusqu'à ses frontières actuelles qui n'ont pas à changer. Elle trouve légitime la résurrection de ce vieux royaume franc qui restituera plus de vérité à l'histoire et à la géographie physique même, puisque le Rhin, en devenant la limite politique du grand peuple allemand, restera encore allemand, suivant le chant des poètes allemands.

En toute hypothèse si, d'une part, comme gage de réconciliation véritable, l'on a la sagesse de rendre l'Alsace à la France pour que celle-ci possède aussi harmoniquement sur le Rhin et en raison de la nature de cette région éminemment française géographiquement (abstraction faite des conditions), l'on n'aura pas nui à la paix des futurs États-Unis d'Europe par cette opération, au contraire : mais si, autrement, l'on décide de donner la moitié de cette Alsace démembrée à la Suisse et l'autre moitié au prochain et historique royaume d'Austrasie, si l'on sépare ainsi à jamais par ces États-tampons la France de l'Allemagne, l'on aura toujours résolu un problème indépendant en soi de la future organisation des États-Unis d'Europe. Ces deux questions restent en effet distinctes : création de royaume ou république d'Austrasie, organisation des États-Unis d'Europe; elles peuvent être résolues séparément.

Aucun peuple de l'Univers n'a, comme le peuple hollandais, eu à surmonter de difficultés, n'a déployé autant d'héroïsme, obscur ou glorieux, pour se créer une patrie; aucun peuple n'a plus que le nôtre de raisons de vouloir se conserver dans sa pureté et son histoire. Notre langue n'est parlée que par une petite communauté d'hommes, mais elle avait déjà sa littérature avant qu'il y ait une grammaire allemande (nous ne parlons pas ici de la grammaire tudesque créée par Charlemagne et qui n'a produit, elle, cela va de soi, aucune littérature); d'autre part, notre situation géographique nous constitue bien notre originalité, et par conséquent, notre patrie particulière et historique. Nous voulons tout conserver puisque nous ne sommes pas Allemands.

Cette situation géographique de nos Pays-Bas (plaines du nord-ouest avec l'Austrasie et la Belgique), rendez-vous stratégique naturel, et fatal champ clos de la rencontre armée des peuples, qui nous met en outre en contact avec l'Angleterre, avec laquelle nous avons eu maille à partir, nous autorise à dire un mot de ce dernier pays, grand comme le monde.

Nous pensons que ce grand pays qui mène le continent depuis deux siècles sans qu'il s'en doute, qui a un intérêt vraiment mondial, aura aussi le plus grand et le plus noble intérêt à faire partie du concert des États-Unis d'Europe, avec son prestige, sa puissance formidable quoique incomplète, son expérience consommée, ses conseils pratiques, son esprit de suite à travers les siècles, au lieu d'adopter un égoïsme qui serait criminel, et que, si, en raison de sa situation extra-européenne, il refuse, l'on se passera de lui, bien à regret. Mais souhaitons qu'il le comprenne et nous ennoblisse tous de son Européanisme, volontairement et librement.

L'Anglais n'est pas le Français, candide assembleur de chimères, qui croit que les « Immortels principes » que l'Univers devrait admirer et même adorer, sont la panacée universelle; il n'est pas l'Allemand, aimant trop exclusivement sa race et croyant la reconnaître partout; il n'est pas le Russe à l'âme scythe et sarmate, l'Italien à l'âme paganique ou romaine, l'Espagnol à l'âme la plus mêlée et variée de la terre; constant, l'Anglais est l'homme utile au bloc pour le compléter, lui donner ainsi toute sa valeur. Il a su dominer parce qu'il a su se dominer lui-même. Par lui, l'Europe reprendra son rôle de dominateur chrétien et bienfaisant.

A quoi serviront les États-Unis d'Europe dont les États composants garderaient indépendance et originalité propres, demandera-t-on ? Mais en servant à donner quiétude ils mèneront au désarmement vrai, sincère, sans exagération ; n'est-ce rien que cela ? Ceux d'Amérique ne se font plus la guerre entre eux parce qu'ils ont passé la crise de la jeunesse. Pourquoi ceux d'Europe ne seraient-ils pas aussi sages, d'avance, les précautions ayant été bien prises ? Et s'ils n'empêchaient pas un duel, par exemple, entre le Portugal et la Norvège (l'on n'a jamais pu empêcher le duel) ils empêcheraient les coalitions par leur masse même, la sagesse accumulée et intéressée des autres ; ils favoriseraient l'extinction des vieilles rancunes, l'oubli des vieilles injures, n'est-ce rien ? Ne serait-ce rien que la puissante influence du grand chef européanisé, résumant les avis des autres États, et qui en sauvegardant la dignité des parties en cause, terminerait presque toujours les différents sans recourir aux armes, parce que tout ce qui sortirait de sa bouche serait considéré comme une sentence arbitrale et juste. La simplification des douanes intérieures (leur suppression parfois pour certains articles) en amenant des économies de fonctionnarisme et en diminuant l'âpreté des intérêts particuliers des nations favoriserait le bien-être général de tous les peuples unis et diminuerait la criminalité générale. Au point de vue des douanes extérieures, les deux blocs d'États-Unis séparés par l'Atlantique se regarderaient bec à bec, tarif à tarif, et, en se tournant le dos, regarderaient tous deux l'Asie, toujours dans les mêmes conditions de concurrence égale pour l'exportation vers cette tierce partie. Évidemment, au départ d'Europe, chaque puissance particulière des États-Unis d'Europe serait libre et indépendante et ne se heurterait au tarif d'Amérique qu'en y débarquant ses marchandises comme les Américains, en arrivant en Europe, se heurteraient au tarif général européen commun, concerté par ce bloc de puissances unies, ayant ses tarifs comme les États-Unis d'Amérique eux-mêmes ont le leur.

La concurrence étant morale et même nécessaire à la morale puisqu'elle en est un élément, chaque puissance européenne ayant donc la concurrence de la nation européenne voisine ne serait pas nécessairement placée au départ dans les mêmes conditions que cette voisine ; mais c'est précisément là que réside la lutte industrielle des peuples, nécessaire comme stimulant et comme évitant les coalitions malsaines dans l'ordre économique comme ailleurs.

Disons en terminant que les petits États comme le nôtre sont mieux placés que les grands pour juger et décider.

M. LE REPRÉSENTANT DE L'ALLEMAGNE. — Alors l'on va constituer les États-Unis d'Europe sans nous consulter?

M. LE REPRÉSENTANT DE LA HOLLANDE. — Eh! oui, en ce temps de démocratie, nous sommes les électeurs et vous êtes les Élus, élus pour sculpter après que nous aurons fait apparaître les grandes lignes architecturales. Si l'on vous confiait la parole les premiers, votre habitude du verbe haut, vos intérêts opposés, vos désaccords permanents, votre précipitation à fouiller à fond les lignes sculpturales qui tirent l'œil avant que l'architecte ait opéré, votre puissance, etc., vous feraient déclarer impossible l'édifice que nous venons, non de construire, c'est votre affaire, mais l'édifice dont nous venons de vous tracer le plan, tout en bavardant, en disant le moins de bêtises possible, le plus de vérités possible, le moins de mensonges possible. Votre profession de foi, nous la connaissions déjà : elle est dans l'évidence des faits; eh bien! messieurs, vous voilà élus pour bâtir, puis ensuite seulement pour sculpter à loisir et en finir. Le secret de la paix en Europe est dans la création du royaume d'Austrasie, en tout cas.

Il faudra évidemment un certain temps de vie commune pour que les États-Unis d'Europe soient vraiment unis et fondus. Rome ne s'est pas faite d'un jour; mais patience, avec le temps tout se fondra, s'unira plus intimement.

Après un quart de siècle de vie commune, ils seront homogènes, capables de résister aux Attila de l'avenir. Il y a encore des Tamerlan, des Gingis-Kan, et quelque part des guerres en gésine qu'il ne dépendra pas de nous d'éviter ni de prévoir. Ces épreuves subies, ils seront unifiés si bien qu'ils seront fondus en un seul État. Qui sait si, l'Alsace rendue à la France, mais Strasbourg internationalisé, européanisé, si ce Strasbourg ne sera pas la Rome de l'avenir? puisque la Rome ancienne avait fait son temps, n'est-il pas vrai, depuis les iv⁰ et v⁰ siècles? Réfléchissez, messieurs, aux faits passés et à la géographie des lieux où ils se sont accomplis lors de la chute de l'empire romain.

M. LE PRÉSIDENT. — La parole est à M. le Représentant de l'empereur Ménélick d'Abyssinie (*sourires de l'Assemblée*).

M. LE REPRÉSENTANT DE L'ABYSSINIE. — Messieurs, l'Abyssinie, Suisse africaine, demande que les Européens dans l'exploitation de l'Afrique qu'ils s'attribuent, ne détruisent pas les forêts de cette 5⁰ partie du monde; qu'ils ne nous donnent pas le spectacle, par exemple, d'une Loire africaine, ainsi qu'il en existe une en Europe dont on voit encore les traces. Sur la carte, on croirait que ce fleuve central est fait pour transporter vers l'Océan les marchandises du sud, du centre et de l'est d'une grande contrée vers l'Ouest. Il paraît qu'il n'en est rien à cause que les forêts, vers ses sources, ont disparu, ont fait place aux ruines chaotiques du Devoluy; nous autres, Noirs, soignons nos fleuves africains et abyssins; ils ne sont pas ensablés.

Nous demandons que les Européens n'accaparent pas notre Nil bienfaisant comme ils ont accaparé la pêche des phoques dans d'autres contrées plus boréales que les nôtres. Nous n'aimons pas les exploitations trop intensives sous prétexte de faux zèle, de faux progrès ou de haute culture cérébrale.

Nous demandons que les Européens ne s'immiscent pas trop dans nos affaires intérieures pour sauver ces intérêts, ces quelque chose qu'ils ont toujours à sauver. Nos gouvernements africains n'ont pas le délire de la persécution comme certains gouvernements européens qui se croient toujours menacés, ne connaissent que les extrêmes, sauvent si souvent la liberté que la liberté a dû se sauver d'eux pour mieux leur échapper. Nous autres, Noirs, considérons que la liberté doit être la liberté des autres avant tout, puisque ces autres sont plus nombreux que nous. Nous n'aimons pas les monopoles en général, le monopole de la liberté plus que les autres, le monopole d'apprendre, d'enseigner, de faire des lois. Chez nous, nous restreignons beaucoup le domaine de la loi; il n'y a guère de lois; et toutes les rares fois que l'on en fait une, c'est pour donner aux autres hommes une liberté de plus, jamais pour en ôter une, au nom de cette loi.

Dans nos palabres entre nous, nous ne limitons pas d'avance les questions, le nombre et la nature des questions: le protocole n'intervient jamais d'avance pour trancher les questions qu'on veut avoir l'air de discuter. Tout le monde parle librement tour à tour sans emphase ni hiérarchie, on écoute tous les avis, on n'apprécie qu'ensuite s'il faut en rejeter; puis l'on décide s'il vaut la peine de faire une loi. En tout cas, nous les faisons cour-

tes : des lois en trente-six articles ne nous disent rien qu¡
vaille.

Nous sommes chrétiens, et en cette qualité nous avons découvert la supériorité du christianisme sur le charlatanisme, sur
l'islamisme aussi par exemple, par ce fait qui nous crève les yeux
que tous les pays d'Islam sont assujettis aux autres, sauf quelques-
uns qui subsistent pour des raisons que j'expliquerai. Cela tient
sans doute à ce que le fondateur de l'Islam, qui était pourtant un
homme plein de sagesse humaine et un politique malin, mais qui
n'était que cela, avec sa religion purement contemplative et fataliste a nié la liberté morale de l'homme. Certes, il ne pouvait pas
ne pas réussir du moment que la volupté était, dans son jeu,
associée à des préceptes qui sont tout naturellement humains,
mais qu'il a su savamment dégager pour leur donner de l'allure et
de la tournure inspirée.

A commencer par nous-mêmes, nous ne sommes assujettis ni
à ses préceptes, ni au charlatanisme, dont nous parlerons. Nous
professons tout bonnement que la « Science » n'a rapport qu'à la
matière, non qu'elle nous rabaisse à la matière, mais qu'elle nous
y plonge simplement; ce n'est peut-être pas la science en elle-
même, certes, mais l'esprit scientiste qui, quelquefois, empêche
de s'élever, de découvrir des horizons au delà de la lune et des
autres lunes.

C'est un Évangéliste lui-même qui est venu nous évangéliser en
personne; nous sommes donc de cette Église universelle qui, Elle,
est de tous les temps, de cette Église qui n'a été une cause de
grande civilisation que parce qu'elle a enseigné la lutte et la
résistance à l'oppression, que parce qu'Elle a su, dans les temps,
s'opposer aux exagérations des pouvoirs humains en s'efforçant de
les contre-balancer les uns par les autres et qu'elle y a réussi.

Nous estimons bonnement (grosso modo, c'est meilleur) que si
la barque de Pierre n'a pas chaviré dans des luttes si violemment
humanisées, de part et d'autre, c'est qu'une promesse a été tenue :
que cette barque était d'institution divine, et cela nous est un
motif de plus, de croire tout uniment à la parole de l'envoyé du
Père. Et pour dire encore un mot du christianisme auquel Charlemagne rendit le service, nécessaire alors, d'attribuer à son représentant une certaine autorité temporelle, autorité beaucoup moins
utile aujourd'hui, nous disons que ce qui frappe le plus nos esprits
africains, c'est le mystère même de Jésus.

Ce mystère ne s'explique que par le mystère de la Rédemption,
lequel ne s'explique que par le mystère de la chute originelle,
autre mystère incompréhensible, le plus éloigné de notre connaissance et sans lequel, pourtant, nous ne pouvons avoir aucune
connaissance de nous-mêmes, sommes incompréhensibles à nous-
mêmes ; mystère qui choque notre raison, incapable d'admettre la
transmission, conçue comme une injustice, de ce péché originel.
Mais l'homme est plus inconcevable sans ce mystère pourtant, que
ce mystère n'est inconcevable à l'homme. Notre pauvre raison, ou
notre maigre conception de la Justice a beau se heurter devant ce
mystère, nœud gordien qu'on ne peut trancher ni dénouer, ses
plis et replis étant situés dans les profondeurs, mystérieuses elles-
mêmes, de notre for intérieur, de notre sens intime, nous sommes
contraints de l'accepter, ce mystère, ou de renoncer à l'intelligence
du monde. L'invincible instinct qui toujours nous ramène à Jésus,
c'est ce génie même qui résiste au progrès de la raison (courte et
humaine) laquelle lui en veut, à ce mystérieux génie, parce qu'il
est d'un autre ordre qu'elle-même vraiment irrationnel, spontanément issu de l'insondable et divine nature, incompréhensible dans
ses démarches, comme les principes mêmes et les procédés de la

vie. Voilà ce qu'est notre instinct, notre sens intime africain,
resté vierge et sensible. C'est une folie que ce « péché originel »,
mais une folie plus sage que toute la sagesse des hommes, car,
sans cela, que serait l'homme dont l'état ne dépend que de ce point
imperceptible? et dont sa raison toute seule ne se serait point aper-
çue, puisque, loin de l'inventer par ses propres moyens, elle s'en
éloigne encore lorsqu'on le lui présente, ce point imperceptible !

Ces deux états d'innocence et de corruption étant ouverts, nous
nous reconnaissons, et, en nous observant, nous trouvons en nous
les caractères vivants de ces deux états, de cette contradiction si
visible qu'elle ferait croire à la duplicité de l'homme, à sa double
nature. Seule, la religion chrétienne a découvert ce principe que
la nature de l'homme est corrompue et déchue de Dieu; qu'elle
marque partout un Dieu perdu, et dans l'homme même et hors de
l'homme. Elle nous enseigne une Vierge mère, idée d'ailleurs aussi
ancienne que le monde, un Dieu caché; et en cette vie, une
épreuve à subir dont la sanction est la récompense ou le châti-
ment éternels. Pourquoi éternels? Notre bon sens africain, non
oblitéré, explique ainsi cette vérité qui ne fait pas plaisir aux
hommes. L'enfer, créé pour Satan et ses démons doit, raisonnable-
ment, être éternel. En effet, s'il devait cesser un jour, les démons,
ce jour-là, diraient à Dieu avec orgueil : « Nous t'avons lassé,
nous t'avons vaincu par notre révolte; nous n'avons jamais plié
devant toi, mais toi, tu plies devant nous, en cessant notre châti-
ment. Donc Lucifer, notre maître, a eu raison de se révolter contre
toi, de s'égaler à toi, et c'est lui que nous adorons, non toi! » Il
est impossible que Dieu permette cela; donc, rationnellement
même, l'enfer est éternel.

En Asie aussi, les religions païennes, tout extérieures, n'em-
pêchent pas l'idée chrétienne, qui place dans l'au-delà les grands

mobiles terrestres. Maints Japonais illustres sont chrétiens, tels les généraux Oku, Nogi, etc.

Les masses populaires, elles, avec le Bouddhisme ou le Sinthoïsme, n'ont point, au fond, d'autre religion que la religion de la Patrie, Chaque Japonais se considère comme indispensable à l'existence même de la patrie, sentiment propre à tout cœur bien né, que nous avons éprouvé nous-mêmes en défendant notre vieille Éthiopie.

Cette religion de la Patrie n'empêche pas que nous ne trouvions aussi que toute religion chrétienne qui ne commence pas à Jésus même, au surnaturel qu'Il implique, n'est qu'un rationalisme déguisé, qui daigne adopter la Morale de l'Évangile seulement. Pour nous, au-dessus de la Bible, se dresse la vision de l'Église, envoyée du Christ, avec les symboles voulus par Lui, ses moyens de grâce, la chaîne ininterrompue de la succession apostolique, le sens vivifiant des sacrements, de la Société des fidèles, de l'autorité doctrinale, issue des études de quinze siècles de moyen âge, sur l'usage des Écritures, etc....

Chrétiens authentiques, nous ne sommes pas venus, pour le bien des peuples, restaurer la foi dans votre vieille Europe qui, pourtant, nous a paru de loin subir une crise religieuse responsable de bien des maux ultérieurs sous le nom, je crois, de « Réforme »; non, nous sommes venus vous proposer de transporter dans l'île de Malte le siège terrestre de la Religion universelle. En venant vous voir, on rencontre dans cette île un appareil guerrier qui nous a paru dirigé contre notre Afrique, et qui serait mieux remplacé par le Siège apostolique, auquel l'on arriverait... librement de toutes parts si cette île était mondialisée, sacrée par le don même que vous en feriez, solennellement, dans cette vue, au chef visible de l'Église universelle !

Rome est trop encombrée d'histoire, a vieilli, est trop loin, trop peu abordable, peu commode.

Malte serait la consécration d'une rénovation, ère nouvelle de nos temps nouveaux.

Il faut que, dans le gouvernement de l'Église universelle, le chef en soit libre, qu'il ne soit le sujet d'aucun roi, d'aucun pouvoir, qu'il puisse agir selon sa conscience, son devoir et la sainteté du serment qu'il a prêté en se soumettant au pouvoir de Jésus-Christ qui est Dieu. Le chef de l'Église, indépendant, doit pouvoir s'occuper de politique, dans notre siècle, car on ne peut séparer la politique pontificale du magistère sur la Foi et les mœurs, notamment si le Pontife souverain doit conserver des rapports avec les princes et les gouvernements pour sauvegarder la sûreté et la liberté des fidèles. Il ne verra pas plus le triomphe de la Vérité et de la Justice que ses prédécesseurs ne l'ont pu voir : mais il s'efforcera de consolider la Vérité parmi les bons, de la propager parmi ceux qui ne sont pas animés de mauvaises intentions.

Certes il y a des adversaires qui se croient avancés, se croient forts et à qui les fidèles inspirent même une sorte de pitié, mais leur aversion pour le chef de l'Église universelle qui ne procède pas de déception ni de fanatisme à rebours, mais de l'inintelligence de certaines questions à l'égard des problèmes qui se posent pour l'éternel tourment de l'Humanité, mais de l'impatience de toute discipline, mais d'autres traditions éducatives, etc., ne les empêchera point de rentrer dans le giron de cette Église universelle, plus tard, beaucoup plus tard. Le temps est un grand maître. Avec le temps, qui éclaire, il en rentrera encore d'autres, reconstituant ainsi l'unité disciplinaire de la Foi, de l'Église continue de Jésus, et du même coup, le bloc laïque de la Chrétienté en face du bloc de l'Islam, laïque et religieux, lui, des blocs éventuels, jaune, noir, etc., à prévoir.

Le bloc de l'Islam, tout assujetti qu'il est politiquement, reste dangereux parce qu'il est fanatique de nature, qu'il a le sabre pour principe et pour fin, que sa doctrine est une jouissance pour ses adeptes et qu'il ne peut être comparé sous ces rapports avec le bloc chrétien, d'esprit de paix temporelle et spirituelle, de charité, de morale évangélique et de civilisation infiniment meilleure, précisément parce qu'il n'est pas fataliste, mais militant et se donne comme but le perfectionnement continu.

Ne désespérons point qu'Israël ne vienne un jour, à Malte, renforcer le bloc chrétien universel, avec tous ces gens qui se croient libres, qui se croient penseurs et le sont si peu, avec ces braves gens qui se croient francs, qui se croient maçons, et qui ne sont ni l'un ni l'autre des irréductibles, de terribles meneurs influents. Des sociétés où l'on se persuade par suggestion que des vessies sont des lanternes ne deviendraient dangereuses que par la bêtise humaine : nous n'en sommes heureusement pas là, du moins en Abyssinie chrétienne.

Des esprits chagrins, inquiets, pointus, trouveront dangereux un pareil spectacle, une pareille force réunie à Malte? Les pauvres! Le royaume du Christ n'est pas de ce monde; son empire n'est que sur les âmes. La puissance de son Église n'est que morale ; et s'ils sont jaloux de cette puissance, c'est qu'ils la voudraient accaparer pour eux-mêmes, ce qui serait pire! En Église universelle tout se passe à son de cloche, au grand jour de la chaire de vérité, publiquement ; voilà ce qu'il faut leur rappeler, habitués qu'ils sont à juger les autres sur la taille de leur « huis clos » propre.

Et comme Malte conviendrait bien à la réunion des Conciles ! où la Chrétienté sur son terrain sacré, bien à Elle, les prolongerait s'il le fallait un grand nombre d'années, comme celui de Trente qui réunit en son temps un si grand nombre de docteurs, de toutes les nations, de tous les gouvernements et qu'il faut continuer. La séparation des pouvoirs et leur indépendance, la voilà ; le Pape, chef spirituel ; le Grand président, chef temporel ne s'influençant ni l'un ni l'autre.

Quel idéal, messieurs les Européens, si vous avez cette sagesse, sagesse que vous doublerez en donnant satisfaction à nous, vieux Éthiopiens qui répéterions avec vous, du cœur de l'Afrique : *Adveniat regnum tuum* ; sans cléricalisme ; nous ne sommes pas des cléricaux.

Qui sait si le ciment religieux ne faciliterait pas l'union plus intime des États-Unis d'Europe ? Certes, ils peuvent exister avec la diversité des confessions : ils peuvent être sans oppression, et la représentation de l'empire de Charlemagne non au profit d'un seul, mais de tous, et la représentation de l'ancien empire romain agrandi, déplacé et redonnant au monde la grande paix romaine qui jadis dura des siècles, de par sa force même et son unité panthéonique. Ce serait, dans une réminiscence des histoires particulières des États, comme un bouquet de fleurs où chacune aurait son parfum spécial en se mariant à l'ensemble, les grosses et les petites fleurs mêlées et non confondues pour la beauté et la suavité du bouquet même.

Puisque nous sommes venus du cœur de l'Afrique tropicale, disons, en terminant, avec notre naïveté de Noirs peu cultivés, surtout par les sophismes : à mesure que l'argent se concentre entre des mains de moins en moins nombreuses, la misère augmente de ce que l'opulence d'à côté grandit, car un pays déterminé ne peut avoir qu'une certaine quantité déterminée d'argent, l'argent étant représentatif du travail antérieur, de la production antérieure, des ressources, des énergies, de la richesse de ce pays ; si donc, en

vertu de cette vérité élémentaire et fondamentale, des mains soit
agiotiques, soit trustiques accaparent trop, elles accaparent l'opulence, les autres la misère de ce pays déterminé ; entre les mains des
unes et des autres s'accaparent progressivement les moyens ou
motifs de guerre, politique, économique, sociale, car il y a guerre
et guerre ; tel est le motif profond pour lequel l'Église proscrivait
l'usure et même l'intérêt ordinaire, dont Elle avait limité le taux
maximum en tout cas ; cette Église que vous détestez ou dont vous
vous méfiez à cause que vous ignorez les travaux et les pensées de
ses Pères, de ses Docteurs, de ses saints, de ses penseurs, n'en sera
pas moins dans l'avenir votre sauvegarde pour réagir et rétablir
charitablement un équilibre meilleur, parce que l'exagération est
d'essence humaine, et la mesure d'essence divine ; donc à mesure
que vous vous éloignerez de l'Église et du Christianisme, ce qui est
tout un, ou de sa doctrine, vous vous éloignerez de la solution des
questions sociales, politiques, économiques, abstraction faite des
confessions religieuses provisoires ; et vos moyens purement
humains, qui ne connaissent que les extrêmes, seront toujours
impuissants, parce qu'Elle seule est dépositaire de la contrainte
intérieure consentie (autre que celle de la loi, autre que celle du
gendarme ou du juge), de la discipline de ces consciences qui voudraient rester humaines avec excès ; et aussi parce qu'Elle seule
enseigne qu'il ne faut pas, de cet argent, de cette richesse représen-
tative d'un pays déterminé, la répartition égale entre tous non plus,
car « il y aura toujours des pauvres parmi vous » est une parole
divine que vingt siècles confirment, puisqu'il y a aussi inégalité
d'intelligence, de vertu, d'épreuve, de bonne volonté ; car, disons-
nous, cette répartition serait l'effet puéril de la maigre, incomplète
et misérable notion que nous avons humainement de la Justice
divine ; mais qu'il faut et qu'il suffit tout bonnement d'une réparti-

tion moins agiotique, moins trustique, plus mesurée, plus divine ou se rapprochant davantage de la nature divine, sans pouvoir toutefois jamais atteindre (pas plus qu'on atteint l'infini, en mathématiques ou autrement) cette Divinité cachée, qui ne se révèle que dans l'étincelle divine de l'instinct et par lequel, seul, se conçoit cette religion Chrétienne, religion qui, sans cela, nous apparaîtrait comme une folie au regard de notre raison pure, et qui solutionne tout cependant.

Voilà une période un peu longue et comme Bossuet les faisait mieux ; mais nous ne sommes que des Abyssins, que des Noirs Chrétiens, Chrétiens de bon aloi toutefois. L'Église n'a jamais désespéré d'amener Israël et tout le monde (« Allez de par le monde, » dit l'Évangile) peu à peu « poco à poco » dans son giron. Imaginez ce résultat obtenu par la persuasion. par la victoire sur l'entêtement humain, sur le cléricalisme de la synagogue et d'autres entêtements, etc., et n'apercevez-vous pas les bienfaisants effets d'une meilleure répartition des richesses, de cette réduction de l'orgueil, de la cupidité, de la concupiscence? Oui, de la concupiscence, car l'Église encore, seule, vous enseigne que les sollicitations de la nature physique ne sont à aucun degré et pour personne une excuse, puisque chacun de nous ne commence à devenir un être moral qu'à la limite précise où il se détache des servitudes physiques pour les dominer, en s'aidant de la grâce, de ses sacrements avec mesure; Elle seule nous enseigne la mesure ; enseigne qu'il n'y a jamais que péché (le mot « crime » n'est pas dans sa bouche); Elle seule vous enseigne que les considérations morales distinguent l'homme de l'animal. Elle seule vous enseigne le pardon total, non la désespérance, ou le désespoir, ou la vengeance. Ne voyez-vous pas, Européens, que la perfidie avec laquelle on vous raconte que l'Église, la religion n'enseignent que des bêtises ou des mensonges surannés ; que la science sera la religion de l'avenir, de la « Cité

future », ne voyez-vous pas que cette perfidie est plutôt faite de
présomption humaine et d'ignorance que de perfidie même, et qu'il
y a de mauvais pasteurs ?

Ne voyez-vous pas que l'Église universelle doit être Une pour
éviter les innombrables sectes, inquiètes d'elles-mêmes ; et que pour
être Une, il faut un chef unique, gardien de dogmes (le dogme, invincible, est si indispensable que chacun s'en fabrique pour soi sans le
savoir), de dogmes qui sont d'ailleurs suffisamment larges pour
toutes les libertés de conscience vraiment libres, mais disciplinées
tout de même ? Aucune liberté, sauf la licence, n'est incompatible
avec les dogmes de l'Église universelle ; ce dogme de la communion
des saints, de la réversibilité des mérites des autres sur nous (si
profondément étudié et démontré par les Pères de l'Église) n'est-il
pas large et bienfaisant ; et ne savez-vous pas enfin que les dogmes
de l'Église universelle renferment implicitement ou impliquement,
tous les dogmes des autres religions, ne vous déplaise ?

Convenez que si la religion ne rend pas parfait, puisque c'est
impossible, elle nous éclaire sur nous-même, nous instruit, nous
guide, fait du bien à nos âmes ; qu'elle contribue à nous moraliser,
mais qu'il ne faut pas pour cela la ravaler au seul rôle de la police
sociale, qu'il ne faut pas que le contrôle de ses lois et de sa vie
spirituelle tombe au pouvoir d'une Chambre ou d'un Conseil privé,
dont les membres peuvent lui être étrangers ou hostiles, qu'il faut
une autonomie ecclésiastique, non étriquée, pour enseigner le
royaume collectif de Jésus (« plusieurs demeures dans la maison
du Père »), enseignement dans lequel les préoccupations ne s'arrê-
tent pas au salut individuel, non.

Ne vous sentez-vous pas plus quiets, lorsque vous vous savez en
communion avec l'universalité des consciences, que vous ne le seriez
dans une communion de petite Église particulière, qui n'est pas

sûre elle-même d'être en possession de la vérité totale? Ne vaut-il
pas mieux une Église plus large, non tronquée, mais où, s'il y a plus
à choisir, il y a aussi un peu plus d'exigence et de discipline?

Nous sommes venus vous conter tout cela, messieurs les Européens et emporter de vous la promesse que vous ne gâcherez pas
trop notre Afrique en l'exploitant; exploitez-la chrétiennement.
Ainsi-soit-il puisque le judaïsantisme mène encore le monde en
attendant que ce soit l'Evangélisme.

M. LE PRÉSIDENT. — La parole est à M. le Représentant du Danemark.

M. LE REPRÉSENTANT DU DANEMARK. — Messieurs, le Danemark,
voisin de l'Europe centrale, a été l'initiateur de la civilisation chrétienne dans le monde scandinave. Maître des détroits, il a dominé
dans la Baltique. Sa position, sa capitale, la fertilité des îles, l'éner-
gie de son peuple font du Danemark un État vivace et vigoureux
dans sa petitesse. Kiel était danois naguère encore; le canal allemand qui y passe à présent et qui restera désormais allemand, ne
nous empêche pas de demander ici le retour du restant du Sleswig,
depuis Duppel, à sa patrie danoise historique. Les Scandinaves sont
d'origine inconnue; nous ne sommes donc, quoi qu'en insinuent
les her-docteurs de Berlin, pas plus Allemands que les autres Scandinaves ou que les Finlandais qui, eux, sont Finnois et pas plus
germanisables que nous.

Nous tenons à entrer dans le concert Européen des Etats-Unis
avec notre parfum de fleur danoise, ainsi qu'il a été si bien dit, y
conserver nos droits naturels et notre originalité propre. Nos vœux
iront à la prospérité commune; nous souhaitons qu'avec l'ère de
l'Union commence l'ère des économies, que l'Europe s'économise

une grande guerre navale et continentale qui la mettrait à la merci de la race jaune, laquelle vient de faire reculer l'une des fleurs de notre sus-dit bouquet européen.

Nous pourrons enfin cesser de nous demander comment, en 1870, le Destin se fit un jeu d'accabler la France, de frapper sur elle les coups les plus acharnés. Tout tourna contre elle en faveur de l'ennemi. Il n'était point jusqu'aux fautes des Allemands qui ne leur profitassent. C'était une gageure. Guerre douloureuse, oui, et pourtant consolante. Les soldats y furent plus grands peut-être que leurs aînés de Lodi, Austerlitz, Iéna: on n'a vu que la défaite, les héroïsmes, on les a négligés, et les Français en sont arrivés à douter de leur bravoure! Tout s'en mêla, ineptie, impéritie, désinvolture, affolement, trahison. Si encore l'armée allemande avait été la merveille de commandement et d'organisation que l'on dit! Mais il n'y a là qu'une fable, qu'un bluff, et jamais réputation ne fut plus audacieuse, usurpée. Non, Moltke n'a pas été infaillible ni ses sous-ordres. Non, son état-major n'a pas fait cette campagne méthodique sur laquelle on s'est tant extasié; nous en avons des témoignages péremptoires.

C'est à croire que dans tous les grands faits humains, l'on doit reconnaître la main de Celui qui règne sur l'univers par une action immanente. En effet, la Russie en est un autre exemple: depuis longtemps elle avait cessé de comprendre que régler l'avancement et les récompenses dans l'armée est un sacerdoce spécial; que le favoritisme de cour ou le favoritisme quelconque est coupable; que gâcher de belles valeurs au profit de médiocrités ambitieuses qui s'estiment trop ou d'intelligences peut-être brillantes et ultra-cultivées, mais qui sont loin d'être à elles seules une garantie sur un champ de bataille où il faut autre chose que de la culture, entraînerait une liquidation: elle a reçu en Mandchourie le prix et la

valeur de ses généraux choisis dans les bureaux ou les salons. Les
généraux provenant du rang ou de la troupe, mais c'est sur ceux-là
qu'il y a le plus à compter, c'est surtout chez eux que l'on trouve
les grandes vertus militaires, l'oubli de soi, le sentiment du devoir
dans ce qu'il a de plus absolu, le dévouement; un jugement sain
non déformé, une tête très solide et toujours neuve pour les réso-
lutions promptes.

Si l'esprit scientifique était le critérium des bons généraux, ce
serait dans les académies qu'il faudrait les recruter: ailleurs on a
cueilli des Max, des Clairfait ou bien des Léchelle, des Rossignol,
dans la bonne opinion politique ou philosophique du moment;
mais la vraie source des bons généraux se trouvera éternellement
dans les tempéraments de vocation guerrière naturels, fleurs de
dimensions méthodiquement cultivées dans le parterre de même
tempérament guerrier qui fournit les soldats d'atavisme, tempérament situé dans le sein du peuple au génie vierge, spontané, droit.
Diversité de parterres se prêtant un mutuel concours, voilà ce qu'il
faut dans un jardin national; l'unité morale est un leurre, une
conception arbitraire ou universitaire irréalisable. Les plantes forcées n'ont pas la vigueur vraie des plantes naturelles, spontanées.
Les formules littéraires ou mathématiques, si elles gagnent des
batailles de la vie ordinaire, ne gagnent pas les batailles de la
guerre. Les gens habitués à n'agir qu'en pensant aux formules
toutes faites, mathématiques ou littéraires, peuvent être des chefs
très brillants dans les salons, des ambitieux et des savants qui sauront sans doute avoir leur heure de bravoure; ils ne supporteront
pas la comparaison dans les batailles avec ceux qui, habitués à se
passer de formules, les remplacent journellement par le coup d'œil
d'aigle ou l'intuition, par le génie ou le démon qui est en eux.

Donc, pour le haut ou pour le suprême commandement, peu

ou point de ces plantes forcées, lors même qu'elles auraient dans leur port une belle assurance donnant un cachet militaire. Ces plantes humaines, trop souvent ont ignoré la troupe, l'ont cru faite pour elle, ou bien ne la voient qu'à travers les papiers des bureaux ou de la logique pure : elles n'ont point éprouvé pour leurs hommes ce sentiment paternel, premier devoir et premier sentiment éprouvé par les généraux sortant du rang. La résolution dans un cœur d'airain, l'esprit de sacrifice et les provisions de force que les catastrophes et les malheurs opiniâtres n'entament pas, se rencontreront plus dans le peuple resté moyen peuple et plus facile à aguerrir que dans une bourgeoisie processive voltairienne ou trop habituée à ses aises. Tout militaire doit être pour le bien de l'armée relativement pauvre et s'en honorer. La haute éducation mondaine ou de cour n'est point nécessaire pour commander congrument une brigade de cavaliers ou de fantassins ; une saine et forte éducation militaire, faite de cette politesse militaire exquise et ferme est préférable. L'excès de connaissances acquises et de culture déforme le jugement, amorphie ou atrophie les décisions, a détendu à jamais des ressorts précieux. L'avancement par le rang est exclusif des recommandations malsaines, de l'esprit de coterie ou de dénigrement, d'admiration mutuelle d'écoles, d'école des cadets, des pages ou toute autre, fournissant des gens qui ont le mépris de ce qui n'est pas eux, ne pensent ou ne jugent que par les opinions antérieures, indélébiles dès lors, de camarades d'école aux implacables parti-pris moutonniers et stupides que l'on voit se perpétuer et se transmettre religieusement pendant toute une carrière d'homme, contre des officiers, comme si l'homme n'était pas par essence perfectible et devait porter toute sa vie le poids d'une erreur d'appréciation d'un seul camarade. L'annihilation systématique d'une caste d'officiers au profit d'une autre, preuve palpable de l'étroitesse du

5

cerveau humain, s'expie toujours tôt ou tard. La Russie l'a éprouvé.

À l'intérieur de l'armée, il devrait exister trois écoles d'entretien et de renouvellement des connaissances militaires : 1° une école sans examen de sortie où passeraient, durant deux ou trois mois au plus, tous les lieutenants en premier et capitaines; 2° une école semblable où passeraient durant un mois au plus, tous les officiers supérieurs; 5° enfin une école où passeraient durant quinze jours au plus tous les officiers généraux; écoles où professeraient des officiers des susdits grades qui auraient le démon du professorat, professeurs qui, néanmoins, se renouvelleraient fréquemment, et que d'ailleurs l'émulation suffirait à faire se renouveler. Il faut que les généraux soient la tête, les officiers supérieurs le cœur et l'âme, les officiers subalternes les bras, les sous-officiers la base et les pieds de l'armée; que tous aient avec ce qui a du cœur et du jarret, le soldat, leur ancien camarade, cette parenté étroite qui donne la clairvoyance, l'intelligence des besoins de la troupe, ce qu'on peut en exiger; ce qui, aux heures décisives, imprime le ressort suprême, fait les sublimes enthousiasmes, les grands héroïsmes; que tous soient des croyants, non des raisonneurs, non des déducteurs de philosophie, non des dédaigneux ou des hautains.

Si l'on veut que le rajeunissement des cadres ne soit pas une vaine phrase, les moyens sont qu'après 61 ans d'âge tous les divisionnaires et après 59 ans tous les autres généraux passent dans l'armée territoriale pour la vivifier, la commander; de même les colonels à 57 ans, les lieutenants-colonels à 55 ans, les chefs de bataillon à 53 ans, les capitaines à 51 ans, les lieutenants à 49 ans, les sous-lieutenants à 47 ans s'il y en avait encore.

L'armée territoriale autonome n'aurait pas besoin, comme béquille, de l'armée active pour marcher, ni pour passer, de l'organisation sur le papier dans la réalité guerrière que l'on entretiendrait par des convocations plus ou moins éloignées pendant treize jours, sous la tente, dans des camps, moins pour manœuvrer que pour se réunir.

En temps de guerre des permutations d'une armée dans l'autre pourraient être autorisées par décret du Chef de l'État, limitées aux seuls officiers supérieurs ou généraux.

Toutefois, les capitaines pourraient rester dans l'armée active jusqu'à 55 ans sans aucune espèce d'inconvénients, ou passer dans l'armée territoriale dès qu'ils auraient 50 ans de service à leur choix, avec la retraite complète, ou, à 25 ans avec les 25/30e, enfin après 20 ans avec les deux tiers de ladite retraite. Les lieutenants qui voudraient quitter l'armée après dix ans de service auraient aussi le tiers de la pension de retraite de leur grade. Nul officier ne pourrait faire moins de 10 ans de service; et les sous-officiers qui, eux, feraient 15 ans s'ils le voulaient, auraient droit à ce même tarif de retraite; les besoins primordiaux des retraités étant les mêmes quels que soient ces grades inférieurs de l'armée. Les uns et les autres auraient des titres légaux, suivant leurs aptitudes antérieurement connues et notées, dans les nombreuses fonctions où l'État a la haute main.

Une bonne loi sur l'avancement s'ensuivrait tout naturellement en observant ce fait fondamental qu'on ne peut discerner un lieutenant d'un meilleur lieutenant et qu'il n'y aurait pas de choix dans les deux premiers grades; qu'il en est presque de même pour le grade de capitaine et que, pour atteindre ce grade, il n'y aurait qu'un tiers au choix, de façon que l'ancienneté ait encore le double du choix, et couper court à un arrivisme malsain. Le choix ne se justifie vraiment que pour les officiers supérieurs et généraux, lorsque les vocations ayant été vraiment éprouvées, les impatients se seront échappés par la tangente territoriale.

Voilà qui rendrait possible sans danger le service de deux ans
en faisant une réelle armée de deuxième ligne sur laquelle on pourrait compter parce qu'elle serait vivante, professionnelle, facile à
lever promptement en huit jours[1] (indépendamment de l'armée
active), et à organiser très méthodiquement en trois échelons dont
le premier, appelé « armée de réserve », se composerait des trois
plus jeunes classes après l'active, aurait toujours ses cadres et ses
effectifs au grand complet, des officiers subalternes aux officiers
généraux, et tenus à jour par le service du recrutement même, sur
les indications du ministre. Le second échelon comprendrait les
cinq classes suivantes, enfin le troisième les autres classes qui ne
seraient jamais convoquées en temps de paix. Ce premier échelon de
réserve pourrait être rappelé en temps de grève ou de troubles inté-
rieurs comme armée de police.

L'armée active serait l'armée de grande couverture et de premier choc, une sorte de garde (impériale, royale, républicaine)
marchant de suite, telle qu'elle est. Le premier échelon de l'armée
territoriale serait vraiment l'armée de ligne, commandée par les
généraux les plus expérimentés, et la couverture active par les
généraux les plus jeunes et les plus audacieux. Les généralissimes
des deux armées seraient différents, dans la main du chef de l'État
par l'organe du Ministre. Ce premier échelon dit « de ligne », formé
des trois premières classes de l'armée territoriale, se composerait
de régiments homogènes, autonomes, recrutés territorialement et
réunis mobilisés les premiers en temps de guerre à l'exclusion
d'abord des autres classes formant les deux autres échelons. Ceux-
ci ne se mobiliseraient qu'ultérieurement, un à un, à pied, afin
d'éviter les encombrements des voies ferrées occupées à la con-
centration intensive des échelons précédents. Une noble émulation

1. Et à concentrer en 10 ou 12 autres jours, mais sans cavalerie de combat.

naîtrait de tout cela, sans la rivalité, au moment des combats.

L'avancement ne serait pas ralenti par cette conception de l'armée territoriale : il y aurait autant de généraux qu'aujourd'hui, les plus jeunes à la tête des troupes ; ceux du cadre de réserve destinés par sélection d'âge à commander le premier échelon territorial rempliraient encore pendant cinq ans les nombreuses fonctions sédentaires de l'armée nationale (expression qui engloberait l'état-major, l'armée active et le premier échelon territorial avec son matériel, ses magasins, ses arsenaux, tous les établissements actuels de l'armée), attendant leurs emplois éventuels du temps de guerre. Donc les généraux, tête de l'armée, ont leurs emplois, fonctions, aptitudes utilisés jusqu'à 64 ou 66 ans. Ceux ou plus âgés ou en surnombre, rappelés pour le commandement des échelons territoriaux successifs constitueraient toujours la tête de ces échelons. Pour les uns et les autres de ces échelons, les officiers supérieurs qui en seront le cœur et l'âme seraient également là ou dans leurs foyers, disponibles, quoique ayant pu quitter l'armée depuis un, deux, quatre ou cinq ans. C'est l'âge seul et nulle autre considération qui classe tous les officiers généraux, supérieurs ou subalternes dans les échelons de l'armée nationale d'abord, puis successivement dans les échelons restants de l'armée territoriale. L'on aurait ainsi une réserve d'officiers et des officiers de réserve, que le service du recrutement, grossi en importance, administrerait.

De par cette organisation et conception des armées, rien ne serait bouleversé dans la composition des magasins, arsenaux, établissements, lesquels continueraient à fonctionner comme actuellement, ou avec plus de perfection même. Ces mesures ne seraient point exclusives d'une bonne loi à venir sur l'avancement, elles la faciliteraient grandement.

Les pensions de retraite n'auraient pas à changer ; toutefois comme il y aura dans l'avenir une masse énorme d'officiers qui ne seront plus retraités qu'avec le grade de capitaine, l'on pourrait porter à 2400 fr. au lieu de 2500 fr. la retraite normale de ce grade après trente ans de service en prélevant, s'il le faut, dorénavant, le supplément de dépense sur les tarifs de retraite des officiers généraux et supérieurs qui pourraient être très légèrement réduits dans cette vue.

L'opulence, corruptrice en soi, n'est pas militaire, en est le contre-pied; et les grands seraient plutôt fiers de contribuer par leur superflu au nécessaire des petits dans cette question des pensions militaires lesquelles ne doivent pas être une charge plus onéreuse pour les nations qu'elles ne le sont actuellement. La pauvreté relative est créatrice de l'honneur, de la dignité, de la vie.

Passé un certain effectif, les armées ne sont plus des armées, elles deviennent des masses encombrantes, aptes à la panique après avoir rendu la vie nationale impossible à l'intérieur, derrière elles. Que les armées des futurs États-Unis d'Europe s'inspirent de ces idées toutes simplettes, de bon sens, justes et non arbitraires.

Oui, il existe des aptitudes militaires, des cœurs altruistes, guerriers, de bonne volonté, d'un idéal atavique qu'il faut entretenir, non briser par une discipline d'une dureté non motivée, ou arbitraire, ou dont on n'aperçoit pas les motifs immédiats, ou par un excès de répression dans les fautes inévitables.

Les tempéraments il faut les discerner, les utiliser, ne pas mettre tous les caractères dans le même sac, ne pas considérer la carrière militaire comme une autre; c'est une erreur de théoriciens trop logiques dont le cerveau sans perspective, cristallise le monde en s'en faisant le centre même! Les pauvres! ils mettent tout sur le même plan! Que les armées de nos futurs États-Unis d'Europe, cessant d'être ruineuses, apprennent à affamer, isoler et battre les hordes asiatiques qui fondront inévitablement sur l'Europe dans le cours des siècles. Qu'elles soient des armées guerrières non philosophiques ou universitaires; qu'elles laissent ainsi dans leurs foyers dans ces conditions, la plus grande partie des travailleurs des villes et des campagnes pour soutenir la lutte économique avec l'Asie et l'Amérique le mieux possible.

Régler l'avancement est un sacerdoce, ai-je dit. Oui, l'homme est ainsi fait qu'il veut que l'on fasse attention à lui, qu'on lui rende justice; quelque noble qu'il soit, la certitude qu'il est personnellement victime d'une injustice (souvent irrémédiable), l'irrite profondément, lui laisse des traces douloureuses.

Et quand cette injustice fait ses victimes dans ce corps sacré qui est l'âme de la patrie, l'Armée, où la justice la plus étroite, la plus aveugle, devrait régner souverainement, il sent en lui l'ébranlement de la foi, de la foi dans l'Avenir de son pays même! Douloureux spectacle pour une âme qui s'était vouée, donnée à la patrie! Oh! grands chefs, combien votre légèreté, vos aveugles opinions toutes faites, perpétuées, moutonnières sur des inférieurs, vos favoritismes sont coupables! Vous êtes cause et en serez responsables devant Dieu même, de tant de valeurs gâchées, annulées au profit de ceux seulement que vous connaissez ou qui auront su avoir de l'entregent et de la brigue en votre présence. Et les autres, les meilleurs, les dignes, les fiers? Et quand vous cherchez tout bonnement vos élus parmi les plus instruits, cette supériorité prétendue qui ne vient que de l'excellence de la mémoire, de la facilité à apprendre, n'est pas la supériorité vraie, celle qui donne une haute intelligence, un puissant jugement. Non.

Comme puissance protestante, nous demanderons en terminant si un Concile général purement religieux, réuni à Malte admettrait ceux des protestants qui pourraient le demander?

M. LE PRÉSIDENT. — Nous ne pouvons aujourd'hui répondre à cette question; l'envoyé du souverain Pontife étant indisposé; on le lui demandera. Nous pensons que sa Sainteté le Pape accueillera avec une joie paternelle une telle proposition qui serait le premier pas vers une réconciliation, vers l'unité de la foi chrétienne. Peut-être sa Sainteté prendra-t-elle la précaution de n'admettre qu'avec voix consultative à titre d'auditeur d'abord. C'est à lui seul qu'il appartient de décider.

Pour aujourd'hui nous avons recueilli suffisamment d'avis, et nous allons bientôt lever la séance secrète. Ajoutons que pour une conférence universelle de la Haye, c'en est une où les questions se sont spontanément posées sous un aspect et avec des procédés tout à fait nouveaux. C'était peut-être nécessaire et en harmonie avec nos temps nouveaux, éclairés à la lumière de l'histoire mieux déduite. Cette confession générale est comme le prélude de la communion et de la confirmation des futurs États-Unis d'Europe. S'ils ne s'organisent pas, l'on se sera du moins éclairé auparavant.

Pour moi il ressort de tous les avis exprimés que les États-Unis d'Europe seraient une chimère dangereuse sans un équilibre préalable et articulé des divers États composants. Cette organisation certes, ferait faire un progrès souhaitable à l'Europe qui sortirait des vieilles ornières et des conceptions étroites de la vieille politique; mais tant de conditions sont nécessaires et même indispensables qu'il est à croire qu'elles ne se réaliseront pas. Cependant il ne faut pas prophétiser, mais laisser au temps faire son œuvre.

Le principe fécond des nationalités ne doit pas être sacrifié à l'internationalisme, du moins à un certain internationalisme égoïste qui ne renie les patries que pour ne pas les servir et qui masque les désertions sous des étiquettes variées dont l'élégante hypocrisie est le seul et véritable mérite. Cette conception internationaliste spéciale, d'origine purement israélite d'ailleurs, séduisante est d'influence délétère parce qu'elle manque d'idéals : idéal moral, idéal de l'histoire, idéal de l'avenir, idéal de l'art, idéal de la religion, idéal de l'au delà, but de la vie supérieure; parce qu'elle ferait la part trop belle aux intellectuels déraillés, aux niais, aux égoïstes, aux cosmopolites, aux demi-savants, à tous les barbares modernes qui s'étudient à détruire toutes les nobles traditions d'un pays déterminé, de sa haute civilisation morale, et aux sociétés secrètes qui toutes portent en elles un germe de mort inconscient, fatal. Les déclamations creuses des rhéteurs humanitaires obliques et malfaisants auraient trop beau jeu pour corrompre les masses, les mœurs et l'esprit public, y introduire des illusions et des lâchetés, y détruire toute discipline religieuse sans laquelle la vie en commun est impossible.

L'Europe, il est vrai, est bien déjà en possession d'un lien puissamment conservateur d'elle-même, le lien de la chrétienté, mais ce lien indispensable, qui s'est affaibli, devrait aussi être renouvelé; et c'est là que gît la difficulté.

Oui, la religion est encore ce qui unit le plus la communauté européenne. Ici le mot « unit » est un euphémisme qui veut dire que c'est encore l'idée la plus puissante qui lui soit commune; à ce point qu'un état qui guerroirait contre un autre en s'alliant à une puissance de l'Islam par exemple, ou soulèverait toute la puissance de l'Islam, serait réprouvé par la conscience générale européenne et par le bon sens même, car la chrétienté a des intérêts communs et un reste de conscience commune, si affaibli soit-il par le puissant judaïsantisme contemporain.

En tout cas aucun des États de cette communauté ne nie l'existence du Pape; autant vaudrait nier le soleil. Sous l'équateur, l'on déteste souvent le soleil ou l'on s'en méfie, de ce bon soleil, pourtant si indispensable ; le Pape et le soleil sont en cela comparables, c'est déjà quelque chose. Or pour qu'on puisse parler d'État-Unis, ce mot « unis » implique ce quelque chose qui ne peut être nié que par des dogmatistes à rebours, implique qu'il faudra essayer d'unir sans qu'on puisse négliger un objet de cette grosseur historique et éminemment réelle qu'est le Pape. Tel est aussi un des éléments, telle serait une des données de ce problème ardu des États-Unis sans laquelle il serait insoluble, n'en déplaise à tous ceux, et ils sont nombreux et divers, qui voudraient étouffer la papauté en l'ignorant pour des motifs variés, mais superficiels, en vertu d'une sorte de dogme arbitraire qui s'appellerait anticléricalisme ou autrement.

Donc le dogme de l'anticléricalisme ou de l'antipapisme qui ne nous rend pas meilleur, plus indépendant, plus heureux, qui ne nous rapproche pas du Seigneur, qui ne fait de bien ni aux esprits ni aux âmes est un dogme comme un autre, peut-être pire (si un dogme proprement dit peut être qualifié mauvais en soi, ce qui ne sera jamais démontré, au contraire) : donc l'athéisme est une religion comme une autre, peut-être pire (si une religion peut être qualifiée mauvaise en soi, ce qui, etc....) : donc le fanatisme politique (l'histoire le prouve) est un fanatisme certainement pire que le fanatisme religieux ; tous deux, dus aux seules passions humaines, sont également condamnables et réprouvés par la conscience universelle, car il y a une conscience universelle qui ne meurt jamais, si faible soit-elle parfois ; donc sans parler ni même vouloir restaurer ou instaurer une religion universelle ou simplement européenne unie, il faudrait tenter des efforts sincères pour amener au moins la tolérance universelle, sans moqueries, contrainte, autoritarisme, subordination quelconque. Telle est la question primordiale à laquelle des esprits éminents par ailleurs n'ont pas songé d'abord. La tolérance universelle, voilà un problème conséquent et subsidiaire aussi à résoudre : car il est peut-être plus difficile à résoudre que celui de la religion universelle !

Pour le démontrer, rappelons entre parenthèses qu'il est des vérités élémentaires qui sont souvent perdues de vue, à cause des passions, des définitions mal faites, etc. C'est ainsi, par exemple, que le meilleur impôt est celui qui coûte le moins cher à percevoir, de même pour la meilleure administration ; que « République » est un mot comme un autre qui n'a en soi d'autre qualité que celle qu'y impriment quelques hommes ; que « démocratie » est un mot qui représente des choses différentes selon les gens, ce qui est une cause de mésentente regrettable ; que « Religion » aussi, est un de ces mots à confusions qui mériterait une définition courte et non oiseuse comme celle-ci : « ce qui relie », par exemple, en négligeant toutes les autres définitions que le même mot recouvre, mais qui nous sont inutiles dans notre cas.

Restaurer l'ancienne religion universelle des quinze premiers siècles ne peut être l'œuvre d'un seul ni d'un temps. Ce fut précisément le défaut de la « Réforme » de n'avoir été que l'œuvre d'un seul, d'une seule époque et de la politique ; et c'est ce qui la rend revisable à son tour par le moyen des Conciles, nécessaires d'ailleurs à l'entretien de la vie religieuse, laquelle ne peut être immuable dans les contingences des siècles. Les prédicateurs protestants parlent à l'esprit, c'est insuffisant ; les catholiques, ce qui est déjà meilleur, parlent à l'âme et à l'esprit, mais pas assez, n'exercent pas assez le ministère de la parole dont Bossuet disait qu'il devait au moins être la moitié du ministère ecclésiastique ; ils sacrifient trop de temps au rituel, pas assez à la haute prédication nécessaire de nos jours.

Cela dit, et puisque nous faisons ici nos confessions person-

nelles, afin de nous mieux connaître les uns les autres et de
dissiper les malentendus, voici pour moi seul, comment se pré-
senterait la question : Supposons un homme âgé de 40 ans dé-
pourvu de préjugés, d'idées préconçues, qui lise pour la première
fois des livres protestants pour les étudier et les adopter au besoin
après une étude un peu approfondie. Il sera tout de suite frappé
de l'âpreté des termes contre les Papes, du manque de charité et
de mansuétude, des malentendus qui mijotent et engendrent la
haine, des noms propres inconnus signalés comme des exemples
sublimes à imiter; il verra tout de suite qu'il ne se trouve pas en
présence de la parole et de l'esprit vrai de Notre-Seigneur Jésus-
Christ; que le plus élémentaire et basique sentiment chrétien
manque à certains théologiens ou écrivains protestants. Que ceux
qui ne sont pas nés et élevés dans la branche de cette religion
essayent, ils verront l'atmosphère qu'y respirent ceux qui y sont
habitués, mais à laquelle d'autres s'habitueraient mal; il faut donc
de l'air à cette atmosphère, à cette religion pour qu'elle puisse
devenir universelle ou seulement le tenter. A la place du bon et
vulgaire livre de messe qui recommande précieusement de prier
pour ses ennemis quels qu'ils soient et quelle que soit leur
confession religieuse, afin de mieux assurer son propre salut; au
lieu de la bonté avec laquelle on parle quelquefois des « frères
protestants » dans les chaires catholiques; au lieu de l'incomparable travail des Pères de l'Église, on trouve une exégèse géométrique et parfois méchante, des écrits purement cérébraux, trop
purement intellectuels, d'esprit trop purement humain; on ne
trouve pas cette réciprocité qui serait bien due aux « frères
catholiques ». Puisqu'on ne se sert pas des mêmes armes pour
persuader dans les deux églises, il faut les renvoyer dos à dos dans
un concile pour s'instruire mutuellement. Il n'y a que cela à faire,

mais il faut le faire, doucement, petit à petit et conscîencieuse-
ment, c'est-à-dire que tous s'y prêtent.

Pour un autre qu'un catholique qui voudrait essayer aussi de
concevoir une religion pleinement universelle, désitalianisée
d'abord et satisfaisant le besoin de science de l'esprit, et le besoin
de religion de l'âme, il lui semblerait sans doute que toute religion
qui, pour se justifier ou se soutenir, a recours à l'autorité unique
de la Bible, est une religion arriérale, car, vieille comme le Monde,
la Révélation se continue en nous si nous nous examinons bien,
si nous examinons la totalité des faits. La Bible, malgré la subli-
mité de ses psaumes, de ses récits, etc., n'est que l'enfance de la
Révélation nécessaire, mêlée d'ailleurs à l'histoire particulière
d'un peuple: n'est que le plus vieux et le plus inspiré livre
d'histoire qu'il y ait, et par cela même a des textes souvent inin-
terprétables, sur lesquels il convient de ne pas se luter, mais
plutôt d'annuler comme tels et comme signifiant plusieurs choses
propres ou figurées. Non certes, la Bible n'est pas un livre comme
un autre, mais elle ne s'éclaire qu'à la lueur de l'Évangile: sans
l'Évangile, c'eût été un livre fermé pour d'autres peuples que le
peuple Juif; donc les religions purement bibliques sont arriérales
(au-dessus de la vieille Bible il y a la Loi nouvelle, l'Évangile
intégral inépuisable...) pour tout esprit non prévenu; donc, elles
ne sont pas aptes à être ou à devenir toutes seules la religion
universelle.

A la religion qui relie se rattache depuis l'origine des « pauvres
de Jésus-Christ » autre chose que cette « religion de l'esprit (!) »
que l'on voit poindre chez certains théologiens protestants comme
une concession aux idées de leur temps, autre chose que cette
étude imparfaite ou inapprofondie qu'ils font de l'Évangile. Les
pauvres de Jésus-Christ, voilà un thème profond que les protestants

n'étudient guère mieux que cet autre thème : Celui qui ne mange ma chair et ne boit mon sang n'aura pas la vie éternelle, lequel n'est pas seulement humain ni purement mystique, mais de volonté de l'indication de foi totale. On ne finira bien par s'entendre que dans les Conciles. C'est là qu'une religion universelle doit évoluer dans ses manifestations et les contingences des siècles, avec des dogmes intangibles et qui le resteront aussi naturellement que l'humanité est naturellement chrétienne, partie sans s'en douter, partie en se connaissant mieux.

Disons en terminant que la question d'Alsace-Lorraine est bien une question européenne ; que les Allemands se sont trompés sur la nature des véritables sentiments des populations qu'ils ont annexées, qu'ils ont cru allemands de caractère, de mœurs et d'aspirations comme de langage des gens qu'au contraire une communauté d'origine avec les Français fait bien français, autant que les autres liens du même sang versé pour les mêmes causes au siècle précédent.

Évidemment, sous le nom renouvelé d'Austrasie peut exister un petit royaume, autrefois passage obligé des invasions germaniques, véritable vestibule des peuples et où règne évidemment la langue allemande, dernière venue et qui y restera. La Suisse et l'Austrasie deviendraient ainsi les deux pôles de la paix européenne, autant qu'il est possible de l'obtenir sur le continent, autant qu'il est humainement possible de pouvoir l'assurer, la prévoir et la vouloir par des moyens humains. Ce serait donc un moyen à prendre. Une telle combinaison préalable, dans l'hypothèse future (prochaine ou lointaine) des États-Unis d'Europe serait une garantie et un gage de cette Union (ce mot comportant réconciliation et non ambitions particulières) que de plus grands esprits que le mien ont rêvé de voir s'établir en Europe pour son bien, sa force collective et son repos. Ce peut être la question qui fera l'objet de nos séances ultérieures, car ce serait une bonne précaution, car il y a dans la vie trop de choses bonnes, généreuses, grandes et belles pour perdre son temps à haïr et à regarder toujours ce qui est vieux. L'histoire ne se recommence pas. Les Sociétés marchent chargées de pensées vers un avenir qu'elles feront d'autant meilleur qu'elles sauront s'alléger des haines et rancunes du passé pour ne regarder de ce passé que le meilleur : la Foi du Christ, l'Évangile, les traditions en marche vers le Vrai, le Beau, le Bien, l'Utile, les Passions nobles. Une conception trop purement humaine des États-Unis d'Europe n'aura jamais les mêmes chances de durée que si une part de « divin » entre dans l'intention et dans les faits de cette conception.

Sans aucun mysticisme.

E. XYZ (de Bâle, en Suisse).

58468. — Imprimerie Lahure, 9, rue de Fleurus, à Paris.

www.ingramcontent.com/pod-product-compliance
Lightning Source LLC
Chambersburg PA
CBHW070912280326
41934CB00008B/1693